『フルベッキと塾生たち』

1. 勝　海舟
2. 中野健明
3. 中島信行
4. 後藤象二郎
5. 江藤新平
6. 大木喬任
7. 井上　馨
8. 品川弥二郎
9. 伊藤博文
10. 村田新八
11. 小松帯刀
12. 大久保利通
13. 西郷隆盛

26. 中岡慎太郎
27 大隈重信
28. 岩倉具綱
29. ウイリアム

34. 大村益次郎
35. 桂小五郎
36. 江副廉蔵
37. 岩倉具経
38. 岩倉具慶
39. 広沢真臣
40. 明治天皇

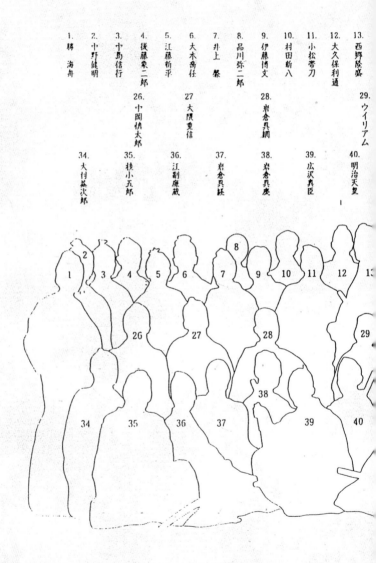

14. 西郷従道
15. 別府晋介
16. 中村宗見
17. 川路利良
18. 黒田清隆
19. 鮫島誠蔵
20. 五代友厚
21. 寺島宗則
22. 吉井友実
23. 森 有礼
24. 正岡隼人
25. 陸奥宗光

30. フルベッキ博士
31. 岩倉具定
32. 高杉晋作
33. 横井小楠

41. 岡本健三郎
42. 副島種臣
43. 坂本竜馬
44. 日下部太郎
45. 横井左太平
46. 横井太平

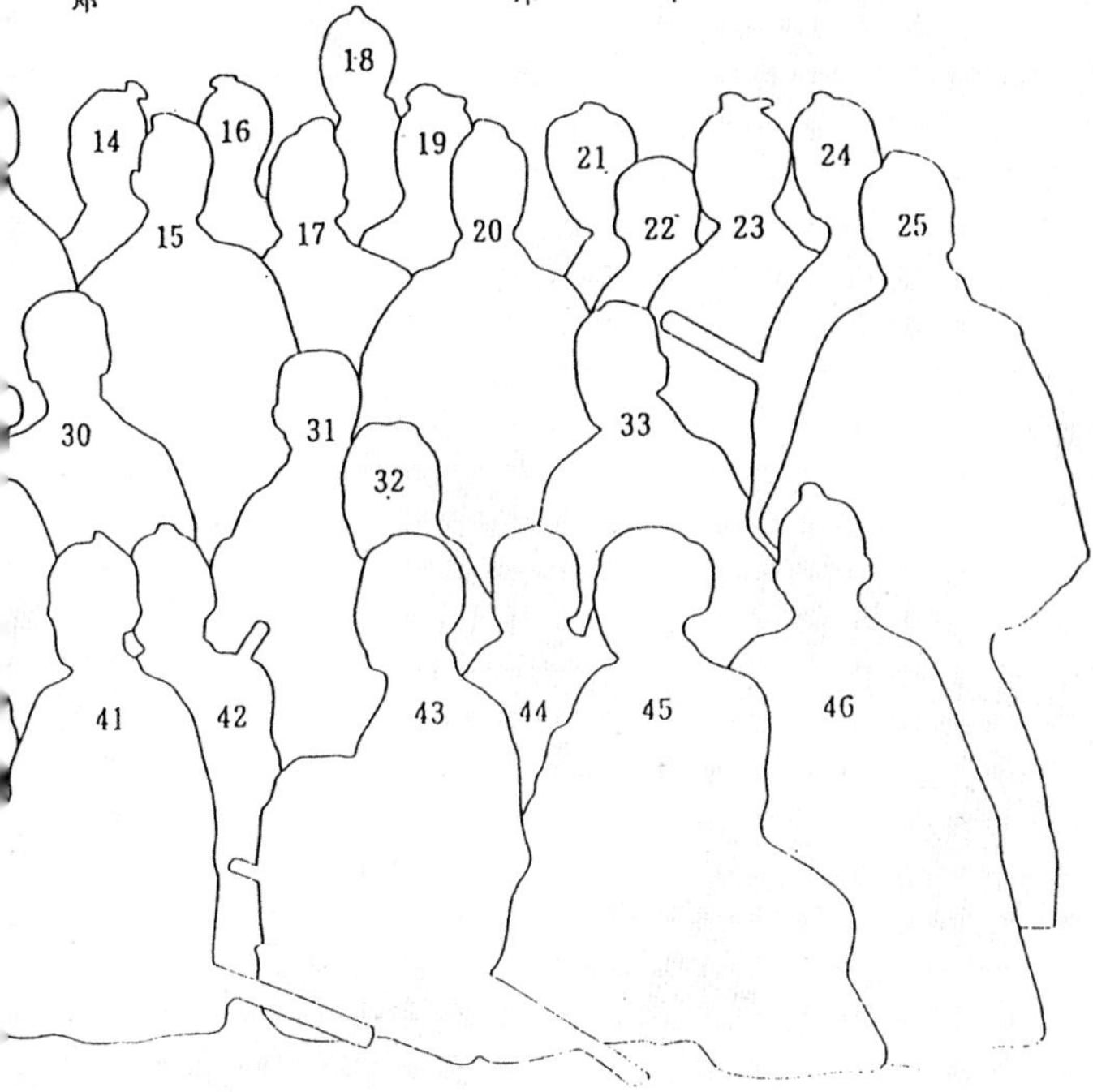

語ることが許されない

封じられた日本史

保江邦夫 著

The truth of the history of Japan

まえがき

今、地球全体が大きく変容しつつあります。そんな中、我々人類も今までと同じように生きていくわけにはいかなくなってしまいました。

これまでは宇宙、つまり神の意思は目に見えないサインで伝えられ、それこそ頬に風が当たる程度で気づかない人もたくさんいました。

ですが、現在は宇宙とこの物質世界との間にあった壁が極薄となり、強いエネルギーがまるで大型ハリケーンのごとく直撃している状態です。

こういった変化は我々の物質世界だけではなく、魑魅魍魎《ちみもうりょう》が謳歌していた世界にも影響を及ぼしています。魑魅魍魎の世界は大型ハリケーンにより吹き飛ばされる寸前ですが、彼らはそこからなんとか逃れようと、我々のこの物質世界へ降りて来ているのです。

これまで以上に、魑魅魍魎があらゆる姿かたちで我々の生活に取り憑《つ》いている。こちらも霊性を高めて、本気で防衛していかないと呑み込まれてしまいます。

霊的防衛。霊性による防衛です。まさに今、人類に必要不可欠なことなのです。

今回、一介の理論物理学者である僕が、なぜ歴史の裏に隠されてきた**神実**《しんじつ》（真実）を語ることになったのか。その理由は、この霊的防衛をできるだけ多くの人に知ってもらうためでした。

当初、僕自身も「何で研究もしていない僕のところに、こんなに歴史に埋もれた驚愕の情報が集まってくるんだろう」と不思議でなりませんでした。さまざまな人からもたらされる歴史の裏に潜んでいた真実は、一見何の関連性もなく、ただの興味深いお話くらいでしかなかったのです。

それが次第に一つひとつ、まるで点と点が線で結ばれていくような状態になっていき、そのあたりから、**僕にもたらされる情報たちは単なる歴史小話ではなく、それぞれはパズルのピースであって、それがすべて集まると、何か大きなものに変容することに気がつきはじめました**。

当然、「この部分のピースが足りないから、なんだか訳がわからないなあ」と思えることも多かったのです。歴史上の裏情報といっても、僕のところへ歴史の時代順に入ってくるわけではありません。だから、しばらくすると、多忙な生活の中で歴史のことなど完全に頭から忘れ去られてしまいます。

そうして毎日普通に生活していると、僕が偶然出会ったと思っていた人から、突如、何気ないかたちで足りなかったピースがもたらされる。そのくり返しでした。

しかも、届いたピースが「足りなかったあの部分である」とすぐに気づくわけではありません。気づくまでに数日、下手をすれば数ヶ月かかることもあります。

散歩をしているとき、食事をしているとき、朝起きたときなど、関係のないことをしているときに、ふと「あっ！　あのことだったんだ！」と気づくのです。

その情報を誰が教えてくれたのか、それを思い出すことすら容易ではありません。だから、本書を執筆するまでに歴史を何度もつなぎ合わせる必要性があり、実に時間がかかりました。

ですが、すべてのピースが手元にそろい、その全貌が見えたとき、「ああ、このために僕は地球に送り込まれたんだ」と深く理解できたのです。

僕はこの裏情報を集め、精査し、人々に伝えるために今ここにいる。歩んできた人生の軌跡はすべてそこにつながっていました。

先ほどお伝えしたように、この世界はもうただの物質世界ではなくなっています。当然、神の世界と同化していくことは良い面も多分にありますが、それを知らずに気づかないでいると「魔が差す」、つまり魑魅魍魎に好き勝手にされてしまうのです。

そうならないために必要なのは「心の支え」です。

そんなもの人によって違うじゃないか、と思うかもしれませんが、これまで人類には共通して心の支えにしてきたものがありました。

それは、自我（アイデンティティ）です。

自我に執着し、失わないようにしがみつく。そのようにして心を支えている人も多かったはずです。実は、魑魅魍魎が取り憑くのは、この自我が肥大している状態のときなのです。

そもそも、自我など幻想です。地球が変容する今、そのことに気づき、すでに自我を手ばなせる人も増えてきました。

そういう人が心の支えにしているものは「**愛**」です。

「愛」の理《ことわり》を知れば、自分や仲間を守ることができます。すべての行動が「愛」によって変わってくるからです。

現代ほどではなくとも、魑魅魍魎が横行する時代は、過去にも何度か訪れています。

奈良時代には天然痘が大流行し、推定150万人という犠牲者が出ました。

平安時代は現代と同様、魑魅魍魎の世界と物質世界に重なり合う部分が多く、戦争、侵略、飢饉《ききん》、はやり病といった混乱の中、人間なのか悪霊なのか区別がつかないような存在により多くの人々が苦しめられました。

時は進み、江戸時代、明治から昭和にかけては、諸外国とのあらゆる争いに姿を変え、心に巣くう闇となり、神の意思が届きにくい状況を作りました。


こうした日本の危機を「愛」で守っていた、守り人《もりびと》がこの国にいらっしゃいます。

それは、今まで誰にも語られてこなかった歴史の裏側です。**本書にはその守り人たちによる霊的防衛のすべてが記されています。**

もう隠すことはありません。大公開時代がやってきたのですから。

今こそ、その歴史の裏側で、「愛」により日本の未来を守ってきた守り人たちの闘いを見てください。

日本はなぜ「愛の国」「神の国」と、世界から評されることになったのか。

自分がいかに「愛」によって守られてきたか。

すべてを知ることは、きっとあなたの心の支えになってくれるはずです。心の支えを得ることこそ、霊的防衛の第一歩となります。

本書がその一助となれば幸いです。


僕は今まで、神に共感することを「愛魂《あいき》」とし、拙著や講演会、武道をとおしてみなさんへお伝えしてきました。

本書ではこれ以上その詳細を語ることはありませんが、もしこの神実の歴史本を最後まで読み進めていただけるとするなら、そんな説明などなくても、きっとすべてをご理解いただけるはずです。

物語を読むように、今まで語られてこなかった歴史の裏側を、楽しみながら読み進めてください。

さあ、未知なる神実の歴史と出会う、愛の旅へ出発しましょう。

もくじ　語ることが許されない **封じられた日本史**

第3部 日本人としての誇りの根源、天皇

本書はあくまでも史実に基づくことを原則としておりますが、
著者によるリサーチならびに歴史解釈を優先し、
年号、事象等は、一般的な定説と異なる場合がございます。
あらかじめご了承ください。

第1部
キリストと
ローマカトリック教会、
そして日本

The truth of
the history of
Japan

第1章　はじまりは伯家神道《はっけしんとう》との出逢いから

突如、かかってきた1本の電話

僕は一介の理論物理学者であって、歴史学者でも歴史研究家でもなく、もちろんサイキックに歴史を読み取る能力を持ち合わせているわけでもなければ、タイムトラベルをしてこの目で見てきたわけでもないのに、なぜ真実の歴史を公開するなどと大それた本書を出版することになったのか。

それは思いもかけないご縁がキッカケだった。

2012年3月、僕が岡山にあるカトリック系女子大学で教鞭《きょうべん》を執っていた頃の話だ。

ある日ひとりの女性から、「ぜひとも会って直接話がしたい」と熱烈な電話をいただいた。彼女は、石川県の霊峰白山《はくさん》に建つ神社で、先代、神主を務めた方の姪にあたる人だという。

いくら熱烈だからといって、見ず知らずの女性の来訪を気楽に受けるほど暇ではない。僕は、何とか体《てい》よくお断りしようと、電話口でタイミングを計っていた。

彼女は、「2週間ほど前に名古屋で開かれた先生の講演会で、私の関係者の男性がご挨拶したはず」と言ってきた。たしかに講演会の後、数十名の方と名刺交換をさせていただいた。その中に石川県在住の男性がいたのも覚えている。

しかし、石川県からはるばる岡山県まで出向いて、この僕に直接伝えたい話とは、一体どんな内容なのだろうか。

由緒ある神社の神主の姪御さんと、理論物理学者の僕という2つの点は距離が遠すぎて、それぞれを結ぶ線がそのときの僕には全然見えなかった。

ここで、2012年がどういう年だったか、少し振り返りたいと思う。

ずいぶん前から古代文明のひとつであるマヤ文明が遺したマヤ暦が、2012年の

12月21日の冬至の日で終わっていることが話題になり、世界中が人類滅亡説、地球滅亡説に沸き立っていた。日本では、そのちょうど1年前に東日本大震災が起こり、福島第1原発事故によって、にわかに終末論が信憑性と説得力を増していた。

当然のことながら、このピンチをチャンスに変える商才に長けた人たちによって、人類救済などをお題目に掲げる新興宗教まがいの会員勧誘、核シェルターや防災グッズの販売、地球最後の日に備えた商品のセールスといった終末ビジネスが隆盛を極めていたのだ。実際、僕を直接訪ねて来られた方々の中にも、そういったものが決して少なくなかった。

そのため、神主の姪御さんと自分を結ぶ線がよくわからない僕は、多忙につき面談の日程は確保できないと申し出た。

それでも、相手はなかなかあきらめてくれない。そこで、逆に急な日程ならそう簡単には対応できないだろうと見込んで、「明日の午後、1、2時間程度でしたら……」と持ちかけてみた。

当然断ってくるであろう、と予想していたにもかかわらず、そのもくろみも見事にはずれた。先方は「それでも全然かまいません、早朝にこちらを発ってうかがいます」

と弾んだ声で返してきたではないか。

かくして、僕の回避作戦は失敗に終わり、石川県から訪れるその女性と会うことになった。


翌日、冷たい小雨が降る中、駐車場へ向かうと、石川ナンバーの黒っぽい小型のステーションワゴンが1台停車していて、その脇にはかすかに見覚えのある細見の男性が立っていた。名古屋の講演会で名刺と挨拶を交わした相手であることは間違いない。そして彼に紹介されたのが、白山神社の先代神主の姪御さんだという女性だ。

（この人が昨日の電話の人か……。面会を断るために何重にも張りめぐらせた防御壁を難なく突破してしまったあの女性か……）。そんなことを考えながら挨拶すると、彼女が身体を患っていらっしゃることに気がついた。

何でも血液の難病を抱えられているそうで、十分な酸素や栄養を全身に供給することができないとのこと。そのため僕の研究室までの移動も、おつきの男性に脇を支えられながら、一歩一歩身体と相談して歩を進めている様子で、なんとも痛々しい。

電話では状況がわからなかったとはいえ、重病を抱え自力歩行もままならない女性が、こんな苦しい思いを覚悟してまで、「直接話したい」と申し出てくださっていたのかと思うと、逃げの一手で対応していたことに、いささか心が痛んだ。

彼女にとっては遠い研究室までの道のりをご一緒している間に、僕の心は少しずつ開いていったようだ。そうでなければ、これから聞く、にわかには信じがたい、まったくもってリアリティのない彼女の依頼に、耳を傾けるはずなどないのだから。

途絶えかけた古《いにしえ》の教え

その女性には、霊峰として名高い白山にある白山神社で神主を務めていた叔父さんがいて、小さい頃からたいそう可愛がられていたという。彼女が高校を卒業する直前、その叔父さんが両親のもとを訪ねてきて、彼女には巫女《みこ》の素質があるので自分の神社に入ってもらえないかと申し出たという。

古来、白山神社は天皇家の神事をつかさどってきた伯家神道の流れをくむことから、神主を務める叔父さんは、天皇陛下にも謁見が許されるほどの地元の名士なのだそうだ。

そんな叔父さんからの依頼は、ご両親にしてみれば、こんなに名誉なことはないわけで、もちろん異論などあろうはずがない。

ところが本人は、「それだけは絶対にいやだ」とかたくなに拒否したのだ。両親と叔父さんのどんな説得もがんとして聞き入れなかったことから、その巫女話はそのまま自然消滅してしまう。

そのとき、彼女が白山の巫女になることを、なぜかくも強硬に拒否したのかというと、そこには驚きの事実があった。一度巫女として白山に入ったからには、70歳になるまで下界に降りることが許されないというのだ。

卒業を間近に控えた女子高生である。夢や希望に満ちた自分色の人生を歩み出そうとした矢先にこんな話が降って湧いたら、誰だって拒否するに違いないだろう。

その後、彼女は自分の望む人生を楽しみ、結婚し、3人の子どもの母となって幸せに暮らしていたそうだ。

そんなある日、彼女のもとに叔父さんの訃報が届く。

後日、叔父さんが彼女のために遺したという直筆の帳面を受け取った。中を読み進めていくうちに、白山の巫女になることを拒否したことは、取り返しのつかない重大な過ちだったと思い知らされたそうだ。

僕自身、このような話を聞かされるまで、伯家神道という言葉さえ耳にしたことがなかった。はたして一体どんな神道なのか？

天皇家の神事というのは、長い間、白川伯王家《しらかわはくおうけ》の世襲によって密かに継承されており、中でも重要なのが**天皇となられる皇太子殿下が、即位前に「祝之神事《はふりのしんじ》」と呼ばれる秘儀をお受けになる習わしである**という。その秘儀中の秘儀といわれる御行を皇太子殿下に授けるのが、伯家神道の巫女たる者のもっとも重要なお役目なのだ。

白山に幽閉されていた先代の巫女様は、70歳を超えてだいぶ前にお亡くなりになっており、その後を継ぐはずだった自分がその重大なお役目を拒否してしまったことで、完全に継承が絶たれてしまったことになる。おそらく、叔父さんは後継者探しがかなわないまま、失意のうちに他界したであろうことも想像に難くない。

当時、夢見る一女子高生が事の重大さなど知る由もなかったとはいえ、亡くなった叔父さん直筆の帳面によりすべてを理解したとき、悔やんでも悔やみきれず、号泣しながら神に誓ったそうだ。

この秘儀を絶対に絶やすことはさせない、と。

なぜ、理論物理学者の僕が?!

その女性が伯家神道の秘儀を絶やさないと誓った経緯は、十分とは言えないまでも理解できたとして、「なぜその話を僕に?」という大きな疑問は依然として残っている。

続きを話すとしよう。

日本中を探せば、もしかしたら伯家神道の祝之神事のすべてを正しく継承している人がどこかにいるかもしれない。そこに一縷《いちる》の望みを託し、彼女はご縁と伝手を頼って情報を集め続けたのだ。ある意味、もうそれしか道は残されていなかったとも言えるかもしれない。

しかしその固い決意と熱い想いが天に通じたかのように、状況は動きだした。祝之神事は密かに細々と京都の地に伝え残されていたのだ。その正当継承者として、祝之神事を60年もの長きにわたり守り続けてきた巫女様を見つけたのである。

だが、京都の巫女様はすでに80歳を超えておられた。

「時間がない。このめぐり合わせを無駄にしてはいけない」と感じた彼女は、巫女様のもとへ熱心に通い続け、その秘儀を受けることができたのだった。

ところが、本題はここからだ。伯家神道の奥義に触れることが許されたものの、本来なら皇太子殿下がお受けになる秘儀を自分のような一般人が受けて、はたして意味があるのか。ましてや希少な正当継承者の道を自ら絶ち、巫女修行からも逃げた自分がこれからどうやって秘儀をつないでいけばいいのか、と疑問が湧いてきたという。

彼女は思い切って京都の巫女様に想いをぶつけてみたそうだ。

すると、巫女様はその昔に先代の巫女様から伝えられた、重要な教えのひとつを話してくださったという。

「もしも社会の流れや政治情勢が原因で、宮家の中に伯家神道の秘儀をお伝えすることができないときは、その時代時代に応じて求められている人材を選び出して代わりに受けていただくことが必要になるだろう」

それを聞いて、「具体的にどんな人がそれにふさわしいのでしょうか」と尋ねたところ、巫女様ははっきりとこうおっしゃった。

「今の時代精神が求める人物像というのは、宇宙の真理や根本原理を解明しようとしている人間だ」と。

それを聞いた彼女は、その人物を探し出して祝之神事を受けてくれるように説得することが、叔父の想いと神意に報いるための自分に残された最後の手段であり、お役目だと考えたそうだ。おそらく暗闇に一条の光が射した瞬間だったに違いあるまい。

いよいよ条件に当てはまる候補者探しがはじめられた。

といっても、巫女様のおっしゃる宇宙の真理や根本原理を研究している者といえば、彼女の頭の中では「物理学者」しかなかったらしい。

そこで「物理学者・宇宙の真理・基本原理」などのキーワードで検索をかけたところ、膨大な量の検索結果の中のトップに上がってきた「保江邦夫」という名の理論物理学者が目に留まったそうだ。

なるほど、白山神社の神主の姪御さんと物理学者の僕という遠く離れた2つの点が、これでやっと1本の線でつながったわけだが、僕はこの日はじめて耳にした伯家神道や祝之神事についての実態を知るにつれ、天皇家の中だけで連綿と秘密裡に継承されてきたことの意味の大きさをひしひしと感じざるを得なくなっていた。

白山の巫女様が天皇になられる皇太子殿下にその秘儀を授ける大役とて、白山に70歳まで幽閉されるという、現代では信じがたい話までもが、まるで当然のことのように思えてきたではないか。

そして、その女性は僕が恐れていた最後の言葉を口にする。

「保江さん、伯家神道の秘儀を継いでもらえないか」と。

天皇と祝之神事

わが国日本は、初代神武天皇が即位されて以来、２６７９年もの長きにわたって、万世一系の血筋を絶やすことなく継続してきた世界に類を見ない国家であり、我々国民は天皇を現人神《あらひとがみ》として尊敬申しあげてきたわけだ。

現人神とは、「人間の姿をして現われた神」に他ならない。

伯家神道は、その天皇家における祭祀や特殊神事をつかさどる神祇官白川伯王家だけに、世襲で伝わる特別な神道ということなのだ。

特に皇太子殿下が天皇になられる前にかならずお受けになるのが祝之神事という秘儀だという。将来天皇になられることが決まっている皇太子殿下は、お生まれになったときから、神としての帝王学を学びながら成長されるわけだが、祝之神事によって、実際の現人神になられてから天皇に即位されるのだ。

つまり、**祝之神事こそが天皇陛下を本物の現人神たらしめ、その後の国家国民の安寧をお守りくださるための霊力を授ける最重要儀式**となる。

ところが、明治新政府が樹立し東京に遷都してからは、神事の内容や行事作法が失われており、**祝之神事をお受けになったのは明治天皇が最後**だという。

しかも、明治天皇が亡くなられてから100年間しか霊力の効果が持続せず、その期限が2012年7月、くしくも当時世の中を騒がせていたマヤ暦の終焉《しゅうえん》と同じ年となっていた。

明治維新後、伯家神道の皇室内行事が大きく変えられてしまった経緯については、その背景に神国日本をわが配下に取り込もうと暗躍する世界の列強と、それを阻止しようとする国内勢力の知られざる知的攻防戦があったことを、後の章で詳細に触れるとして、ここではさらりと流そう。

白川伯王家では、この幕末の動乱期を無事に乗り切り秘儀伝承の火を絶やさないために、岡山出身の高濱清七郎《たかはませいしちろう》という人物に学頭《がくとう》という書生頭の役職を与え、伯家神道の伝統的祭祀や神事のすべてを継承し、秘密裡に伝承するように託したのだ。

それが今日まで細く長く守られ続けてきたおかげで、僕につながることになったのは単なる偶然ではないだろう。

その女性が白山の巫女になることを拒否し、神主の叔父さん、白山にいた先代の巫女様も亡くなり、一度は途絶えたと思われた伝承の火。ところが、60年もの間ひとりで密かに京都の地で守り続けてこられた80歳の巫女様に彼女が奇跡的につながった。

そして時を経て、秘儀の効力が消えるタイムリミット直前に、この僕に最後のバトンが渡されようとしている。僕がアンカーとして適任者なのかどうかは、ひとまず棚上げしておくとして、この流れが神意でなくて何と言えるだろうか。

伯家神道を受け継ぐ約束

天皇家の霊力があと数ヶ月で有効期限切れになってしまうとは、この秘儀によって守られてきたわが国、いや、世界の平和の結界が破られるかもしれないわけで、となるると国家存亡の危機ではないか。そんな国家の重大事を一物理学者の僕に託すなんて、天の采配が間違っているという可能性はないのだろうか?

事の真相を知れば知るほど、僕の心は不安でいっぱいになった。

そんな僕の背中を押したのは、僕と同様に、かつてこの秘儀をどう受け継ぐべきかという葛藤を抱えていた彼女の言葉だった。具体的には、かつて彼女がその勇気ある決心をするに至った驚きの話であり、その話は僕の背中を強く押した。


彼女もまた僕と同様に、「本来なら天皇に即位される皇太子殿下がお受けになる秘儀を、自分のような一般人が隠れて受けたところで、それがどんな役に立つというのか」という不安を抱えていた。自分が関わってもまったく無駄なことのように思え、日に日に気持ちが萎えていたとき、石川県警から1本の電話が入ったのだ。

何でも、「県警本部まで出頭するように」とのことで、日時を指定された。

警察沙汰にでも巻き込まれたのか、はたまた交通違反の類なのか、まったく理由がわからないまま当日恐る恐る出頭すると、すぐさま黒塗りの公用車に乗るように促され、警察署を後にした。後部座席に並んで座ったのは警察署長だという。

一体どこへ連行されるのか皆目見当もつかなかったが、着いた先は金沢市内にあるまるで御殿のように大きなお屋敷だったという。ただならぬ緊張感に包まれた居間で、見知らぬ3人の先客と待機していたところ、そこに世界的に名の知れたある人物が登場したのだ。**ダライラマ14世**だ。

チベット仏教の最高位指導者であるダライラマ法王が目の前にいらっしゃるという極めて現実感の薄い状況に、彼女は頭の中が真っ白になったという。

そんな彼女を、ダライラマ法王は握手もそこそこに長い手で抱き寄せて耳もとでささやかれたという。

「私がついていますから、もう大丈夫ですよ。安心してください」と。

そして他の客人たちが当たり障りのない質問をする中で、水を向けられた彼女は、思い切ってかねてより疑問に思っていたことを問うてみたのだ。

チベット仏教では、先代のダライラマ法王がなくなると、側近の高僧たちが国中からダライラマ法王の魂を宿した子どもを探し出すことでダライラマ法王の系譜が守られているのは有名な話だが、そのことに関して、本物のダライラマ法王ではない魂が入った人が選ばれる、という間違いだってあるのではないかと。

通訳の人が申し訳なさそうに訳すほど、誰が聞いても大胆不敵なこの質問に、ダライラマ法王は優しい笑みをたたえたまま、いい質問だと褒めた後に次のように答えてくださったという。

確かに自分も含めて歴代のダライラマ法王の中には、本当のダライラマ法王の魂でなかった人がいた可能性を否定することはむずかしい。

だが実は、そんなことはどうでもいいことなのだ。もし仮に本当のダライラマ法王の魂でない子どもがダライラマ法王の生まれ変わりとして認められたとしても、代々このシステムが継承されていくのならば、いつの日かまた本当の魂を宿した子どもが選ばれる日がくるのだから。

継続は力なりというが、継続は真実をふるいにかけてもくれるものだ、と。

祝之神事の継承に大きな疑問と不安が芽生えていた折も折、ダライラマ法王のこの御言葉によって、そのすべてが払拭されたことは言うまでもない。

それにしても、なぜ自分があのような場に招かれたのかがどうしてもわからなかった彼女は、謁見後に警察署長に質問したところ、またしても驚くべき答えが返ってきた。ダライラマ法王は数年に一度の割合で、このお宅をお忍びで訪れるそうで、その際には警察で県内の一般人の中から適任者を選抜して懇談の場を設けるとのこと。だが、今回に限っては、ダライラマ法王自身のご希望だったというのだ。

まるで、ダライラマ法王が今彼女の置かれている状況と心情を熟知していて、手を差し伸べに来られたかのようではないか。これを神のはからいと言わずして何と呼ぼう。

こうして僕は、２０１2年4月8日、京都の巫女様のもとで謹んで洗礼を受け、伯家神道の正当継承者のひとりになったのである。

祝之神事について、その成り立ちや作法の詳細、神事によって明らかになった事柄など、たとえ親兄弟、家族であっても何人たりとも一切を秘匿するという神前契約書にも署名捺印した。

この祝之神事は、**６０００年前にエジプトのピラミッドの中や、スフィンクスの前でも執り行われていた秘儀**だということで、その全貌は伯家神道の継承者となったといっても、すぐさま知らされるわけではなかった。

【編注】ピラミッド建造時期については、『人生に愛と奇跡をもたらす神様の覗き穴』（ビオ・マガジン）を参考とする。

はじめて聞かされた伯家神道とキリストのつながり

亡くなった白山神社の神主の叔父さんが姪御さんであるその女性に遺した数々の資料と京都の巫女様の話によると、実に伯家神道、祝之神事は、気が遠くなるほど長い歴史がある。

今からさかのぼること6000年前に、エジプトのギザにある大ピラミッドの王の間やスフィンクスの前で執り行われていた秘儀ということだけはすでに伝えたが、あろうことか、**イエス・キリストもマグダラのマリアと共にこの秘儀を受けていた**のだという。

ここで、ご存知ない方のために少々説明しておくと、マグダラのマリアとは、聖書の中ではキリストに救われた罪深き娼婦として描かれていた女性だ。

だが実際は、3年間の伝道の旅を共にし、キリストの最期を看取った女性である。

パリ マドレーヌ寺院のマグダラのマリア
(photolibraryより)

そのことを伝え、世界中に衝撃を与えたダン・ブラウン原作の映画『ダ・ヴィンチ・コード』の中では、キリストの妻だったとされている。

神の子イエス・キリストが人並みに女性を愛し妻帯していたという、およそ聖人らしからぬイメージを一切排除するために、ローマ教皇庁バチカンによって2000年もの間、その存在を封印されてきたのだが、近年世界中の宗教学者によって徐々に真実が明らかになった。

隠しとおせなくなったバチカンは、やむなく2016年に〝罪深き娼婦〟を撤回し、マグダラのマリアを12人の弟子と同等の扱いとし、その名誉を復活させている。

ということになっているのだが、さらにその裏には隠された真実がある。

実は、18年ほど前にガンを患って死にかけた僕には、マリア様のおかげで今もこうして元気でいられるというありがたい過去があり、当時はマリア様関連の本を読み漁っていた。そんなとき、たまたま『マグダラのマリアによる福音書』(カレン・キング著、河出書房新社)を購入した。読み進めていくと、それは新約聖書におさめられている、4人の使徒によって書かれた福音書とは内容がかなり違っていたのだ。

新約聖書では、30歳の頃に荒野をさまよったキリストが、悪魔と対峙し退けることができたことで、覚醒したとされている。

しかし『マグダラのマリアによる福音書』には、実際のところキリストはエジプトまで足を運び、ギザの大ピラミッドの王の間でマグダラのマリアと共に、当時の神官から「ハトホルの秘儀」と呼ばれるものを受けた、と記されていた。

バチカンとしては、当然のことながらこんな不都合な真実を白日のもとにさらすことなど許すはずがない。したがって、マグダラのマリアの存在をおとしめ、『マグダラのマリアによる福音書』を禁書扱いにした、というのが真相となっている。

もうお気づきだろう。つまり、**イエスを覚醒させ救世主キリストたらしめた「ハトホルの秘儀」こそが「祝之神事」だったのだ。**

では、ハトホルの秘儀は、どのようにして日本に伝承されたのか？　この問いに基づいて歴史のピースを一つひとつ探していくうちに、驚天動地の真実の歴史がつまびらかになっていくことになる。

世の中の90パーセントの人が信じている常識的な歴史にも、残り10パーセントの人が知っている陰謀説にも含まれない、新たなる真実の日本史だ。

第2章　キリストは日本で生き延びていた

最後の晩餐

一般的な教えでは、キリストはゴルゴタの丘で十字架に磔《はりつけ》になり処刑されて亡くなったが、その3日後に復活したというのが定説である。だが、それがそもそも事実ではない。

処刑の前夜、12人の弟子たちと共に食事をしたとき、キリストは自分を裏切ろうとしている弟子がいること、そしてこれから食すパンは自分の体であり、ぶどう酒は多くの人のために流す契約の血であることを預言した。

そのシーンを描いたのが、かの有名なレオナルド・ダ・ヴィンチ作の「最後の晩餐」

最後の晩餐の絵画
（Depositphotosより）

なのだ。

裏切り者と名指しされたイスカリオテのユダは、右手に裏切りの報酬である銀貨30枚が入った袋を握りしめて、驚いた表情でキリストを見ている。

翌日、預言どおりにイエスは磔刑《たっけい》に処された。あたかも聖書の記述を忠実に再現したかのごとく描かれているのだが、この絵には、キリスト教的に不都合な真実がたくさん隠されているのだ。

この絵の中に、キリストに向かってやや離れた左隣に、優れた弟子であったと同時に、キリストが愛した妻マグダラのマリアも描かれている。しかし、前章で述べたように、キリストは神の子であり人の子であってはまずいわけで、長年、この絵の中にある該当人物はヨハネである、とされていた。

映画『ダ・ヴィンチ・コード』は、ルーブル美術館館長の殺人事件をとおして、トム・ハンクス扮する宗教象徴学者が難解な謎解きをして、まさにこの不都合な真実を暴き出していくストーリーとなっている。

失われた聖杯の意味、聖杯を探すことを表向きの目的としながら、キリストの出生の秘密や血脈を守る「シオン修道会」や「テンプル騎士団」の存在について語っている。

そして、キリストの磔刑後、マグダラのマリアがフランスでキリストの子を出産し、その血脈が現代まで続いていることなどは、実のところ、これから本書で語る日本の真実の歴史にも大きく関係している。

『ダ・ヴィンチ・コード』はおおむねノンフィクションと言えるだろう。

ただ、キリストが磔刑で亡くなったこととマグダラのマリアがフランスで亡くなりルーブル美術館のピラミッドの下に遺骸が祀ってあるらしいことを除いては。

馬小屋で生まれた希望の光

日本ではキリスト教にあまりなじみのない人が多いと思うのだが、キリストは日本の裏歴史を語る上でのキーパーソンとなるので、少々説明するとしよう。

紀元前20世紀、預言者アブラハムにはじまるユダヤ民族は、エジプトで長い間奴隷生活を強いられていた。ところが、予言されていた救世主モーゼの出現により、エジプトを脱出し晴れてイスラエル王国を建国した。

ダビデ王、ソロモン王の時代に最盛期を迎えるが、ソロモン王の死後、北のイスラエル王国と南のユダ王国に分裂してからは、周辺諸国からの攻撃で国は崩壊し、支配、迫害の過酷な歴史が１０００年近くも続く。

絶対神ヤハウェと交わした契約（約束）を忠実に守る信仰深いイスラエルの民は、ひたすら耐えるしかなかった不遇の時代にも、かならずや神がモーゼのような救世主（メシア）を送ってくれると信じて、その日を待ちわびていた。


時はローマ帝国の圧政下、イスラエルのナザレに住む一組の夫婦が国政調査の手続きのためにベツレヘムを訪れた。大工のヨセフと妻のマリアだ。

宿はどこも満室だったのだが、臨月を迎えていつ生まれてもおかしくない妻を案じた宿の主人が「馬屋でも良ければ」と厚意で提供してくれたのだった。

そしてその夜、ひとりの男の子が生まれた。**男の子の名前は、イサヤ**。後にイエス・キリストと呼ばれる子どもである。待ちに待った〝メシアの降臨〟だった。

しかし、為政者がもっとも恐れたのも、救世主の出現に他ならない。「ベツレヘムに救世主が生まれた」ことを知るやいなや、ただちにベツレヘムにいる新生児を皆殺しにする御触れが出された。

イサヤをキリストに成長させた空白の16年間

ヨセフとマリアは、夫婦といえどもヨセフはイサヤの実父ではない。マリアは神の子を宿していた。これが、いわゆる「処女懐胎」というものだ。

身の危険を直感したヨセフの機転で、2人はイサヤをすぐさまナザレへと連れ帰った。こうして間一髪のところでメシアの命は守られ、ナザレで育てられた。

イサヤがキリストとして伝道活動をはじめたのは30歳頃からとされる。磔刑後に復活したといっても、そのまま天に昇っていった、つまり昇天したのが33歳。わずか3年くらいしか伝道活動をしていないことになっている。

実はキリストについては幼少期の記録はほとんどなく、その誕生から磔刑、復活までの33年の生涯を記したといわれる新約聖書でも、13歳から29歳までの16年間がまったくの空白期間となっていることは、あまり知られていない。

はたして伝道活動に入るまでイサヤはどこで何をしていたのか。

この16年間については諸説あり、多くの学者がその真相を追い求めている。

ロシア人のニコラス・ノートヴィッチによる『キリストの知られざる生涯（原題：The Unknown Life of Jesus Christ）』、さらにはドイツ人学者ホルガー・ケルステンによる『インドに住んだイエス（原題：Jesus Lived in India）』などが有名だ。

これらに記された内容は、それぞれ異なるのだが、おもしろいことに13歳のときにインドに行って仏教を学んでいるという共通点がある。

キリスト生誕のとき、東方から3人の賢者がひときわ大きく輝く星に導かれて救世主降誕の祝いの品を携えてベツレヘムへやってきたのをご存知だろうか？

これは聖書にも記され、キリスト教系の施設や教会でクリスマスにやるキリスト生誕劇には欠かせない有名なシーンだ。

東方とは一体どこのことなのかについては一切記述がないのだが、この頃すでにインドには仏教が起こって５００年の歴史があった。またインドやヒマラヤでは、星まわりや預言などから仏陀やラマの生まれ変わりの子どもを探し出し、その子どもが大きくなったときに両親のもとから離して教育を授ける習わしがあることから、その可能性は高いかもしれない。

しかしそれが事実だとしても、16年間をずっとそこに滞在していたわけではない。実は、**イサヤは20代の頃に日本を訪れていたのだ**。

その頃、祖国を失ったユダヤの民12部族は、新天地を求めてすでに日本へ大移動して定住していたのだ。なぜなら、その昔ユダヤ民族をエジプトでの奴隷生活から解放し、神との契約「十戒」を記した**最初の救世主であるモーゼ**が日本に来ていて、**ユダヤ民族にとっては、日本こそが「陽出ずる東の島」そして「約束の地　カナン」だった**からに他ならない。

イサヤが実際に日本で何を学んだか詳細は不明だが、日本各地に足跡を残している。

こうして各国でさまざまな学びを得て、母国に戻ったイサヤは、いよいよエジプトを訪れピラミッドの王の間で「ハトホルの秘儀＝祝之神事」を授かる。

『マグダラのマリアによる福音書』に書かれているとおり、このとき、イサヤは覚醒して本当の意味で救世主たる能力が開花したのだ。

そこからキリストは積極的に伝道活動を開始する。父なる神の教えを説き、数々の奇跡を起こしながら、不遇の民を癒し希望を与えていく。

たとえば、水をワインに変える。海の上を歩く。たったの5つのパンと2匹の魚で5000人の飢えを満たす。

また、盲目の人の目を見えるようにしたり、息子の死を嘆き悲しむ母の目の前で息子を生き返らせたりした。群衆が目の当たりにした神の子の証に魅了されたことはいうまでもない。

キリストの人気は破竹の勢いで拡大していったのだが、これがユダヤ教の保守派やローマ総督にとってはおもしろくないわけだから、何とかして阻止したいと画策するようになってしまう。

そして、ユダはキリストの居場所を銀貨30枚で売ったのだ。それによって、神の子を名乗った神への冒涜と民衆扇動の罪で、キリストは捕らえられ磔刑に処せられてしまった、ということになっているのだが……。

イエス・キリスト
（Depositphotosより）

ユダの決断とイスキリの磔刑

ユダといえば、裏切り者の代名詞として現在まで語り継がれている。もしかしたら、キリストの弟子の中で一番の有名人と言えるかもしれない。

ユダは、キリストの金庫番を任されていたほど信頼できる弟子なのだが、横領が発覚しそうになりキリストを売った、ということになっている。

ローマの祭司長にキリストの居場所を教え、キリストの顔を知らない祭司長のために、ユダがキリストに口づけをするという事前の取り決めどおりに事は運んだ。よってユダの裏切りにより、キリストは捕らえられ十字架にかけられたことになっているのだ。

ところが、真実は違う。最終局面で、**ユダはキリストではなく、キリストの双子の**

弟であるイスキリに口づけをした。

何も知らない司政官は、イスキリをキリストだと思い込み、彼を処刑した。**十字架に磔になったのは、キリストではなく、弟のイスキリなのだ。**

3日後、マグダラのマリアや弟子たちの前に無傷で現われたのだから、復活したとしか言いようがないではないか。

つまり、ユダは裏切り者どころか、悪者役になって大芝居を打つことで、キリストの命を助け、預言を成就させたのであった。

極東、ユダヤの国を目指して

キリストの預言と復活の噂はたちまち広まり、そのままでは遅かれ早かれまた捕えられることになるであろう。かくしてキリストは東へ東へと逃げるのだ。マグダラのマリアと母のマリアとは別行動だが目的地はただひとつ、日本である。

ハトホルの秘儀を授かり完全覚醒して名実共にメシアとなったキリストは、東へと向かう道すがら、さまざまな聖地で神の教えを説いて、群衆の支持を得ていった。

まずは、インドに東方教会の基礎を作り、そこを拠点にバラナシなど古くからの聖地で教えを説き、バラモン僧たちの反感を買う。

それはそうだろう。カースト制度により成り立っている国で、「神の御前ではみな平等である」などと説かれたら、支配階級にとっては相当迷惑な話に違いない。それでどんどん攻撃が激しくなって、とうとうヒマラヤへと移動したようだ。

岩にキリストの顔が描かれているような寺院もあるくらいだから、かなり影響力があったことは想像に難くない。

しかも、岩に刻まれたキリストの顔は、イメージとはかけ離れた顔立ちなのだ。

キリストといえば、おそらく大多数の人が、褐色の髪と青眼を持った端正な顔立ちの白人だと思っているのではないだろうか。それは、バチカンのイメージ戦略というか、後世に描かれた宗教画によってイメージを刷り込まれているからなのだ。

しかし、そもそもユダヤ人は中東系アジア人だから、欧米化した現代のユダヤ人アシケナージュとは異なるはず。岩に刻まれたアジア系の顔をしたキリストは、逆に信憑性は高いと言えるだろう。

インドのマドラス大学の調査によると、キリストがインドからネパール、ヒマラヤを経由して中国、朝鮮半島まで来ていたことは、学術的な証拠が出ている。

マグダラのマリアは西へ

キリストは、妻のマグダラのマリアと母マリアに聖杯と秘儀を記した巻物を託して別れた後、約束の地・カナンである極東の日本を目指して、東へと旅立っていった。

では、マグダラのマリアと母マリアはどこへ向かったのか。

それまでキリストの側近として共に布教活動をしていたのだから、顔を知られているし、何よりこのとき、**マグダラのマリアは、お腹にキリストの子を宿していた**。女性の2人旅には何かと危険もつきまとう。そこでキリストは、マグダラのマリアの髪を短く切って男に変装させていたのだ。

2人は西へ西へと向かった。とにかくエルサレムから一刻も早く少しでも遠くに離れたかったに違いない。

身重での長旅はさぞかしきびしかったことと想像がつく。途中、南フランスのマルセイユ郊外の洞窟で女の子を出産し、乳飲み子を抱えてまた旅に出た。

行き着いたのは、ヨーロッパ大陸の西の果てポルトガルだ。ここまでは追手も来ないだろう。

当面は安心して子育てができる安住の地だ。女の子はサラと名づけられ、3人は数年間ここで暮らしたのだ。

ポルトガルのリスボンの北に、ナザレという港町がある。大西洋に面した絶景の街だ。4世紀にイスラエルのナザレからひとりの聖職者が「黒いマリア像」を持ってきたという言い伝えから、ナザレという地名になったと言われているが……。

ナザレとは、キリストが幼少期を過ごしたイスラエルの街の名前だが、実は、マグダラのマリアの本名でもあるのだ。

黒いマリア像は、キリストに授乳中の聖母マリアだと思い込んでいる人が多いよう

ナザレ
（Depositphotosより）

ノッサセニョーラ・ダ・ナザレ教会
（Depositphotosより）

であるが、これはサラに乳を与えているマグダラのマリアなのである。その像は現在、ノッサセニョーラ・ダ・ナザレ教会に安置されている。

僕はナザレの黒いマリア像を実際に見たことはないのだが、ポルトガルの隣国スペインのカタルーニャ地方にあるモンセラート修道院にも黒いマリア像があり、日本の広島県内山間部に造られた分院四方庵《しほうあん》に奉られた黒いマリア像を拝観することはできた。どう見ても乳飲み子は女の子らしいのに、キリストだと思い込んで見れば、男の子に見えてしまうのは致し方ないかもしれない。

スペインのモンセラート修道院だけでなく、オリエントから地中海沿岸、イベリア半島にかけて、黒いマリア像は広く分布している。

マグダラのマリアが足跡を残している一帯には、黒いマリア、マグダラのマリア信仰が広まっていったのだ。

詳細は後に記すが、特にここポルトガルのナザレ付近は、激動する歴史と共にマグダラのマリア信仰の一大聖地となっていく。後世になって、バチカンが奇跡と認めた出来事も起こったくらいなのだ。

四方庵　黒いマリア像

マグダラのマリアは、ここでキリストの娘サラが歩けるまで成長を待ち、いよいよキリストと再会を約束した地、日本へと旅立ったのであった。

■ついに、諫早《いさはや》へ

朝鮮半島まで来れば、陽出づる東の島はもう目と鼻の先だ。

こうして**キリストは船で長崎の諫早《いさはや》から日本へ上陸した**。

諫早をローマ字で書くと、Isahaya、つまりIsayaが上陸した場所だから、イサヤの音に漢字を当てて地名としたのだ。

近くの島原には、イサヤが利用したと伝えられる温泉が、現在もひっそりと存在している。

おそらく、磔刑を逃れ、ほうほうの体《てい》で逃げてきて、やっと目的の地に足を踏み入れたのだから、大きな安堵感に包まれたことだろう。

この温泉で長旅の疲れを癒し、十分に鋭気を養ってから、**最終目的地は徳島県の最高峰である剣山《つるぎさん》**を目指したのだった。

20代の頃日本に来たときは、秋田、青森のあたりを旅していたキリストであったが、今回なぜ剣山を目指したのか。それは、剣山の山頂付近にユダヤの同朋たちによる集落がすでに形成されていたからだった。

ところが、九州から四国へ渡るつもりのキリストは、間違えて本州側へ入ってしまう。

岡山付近で気がつき、そこから四国へ渡る方法をしばらく模索していたが、そうこうしているうちに、後を追ってきたマグダラのマリアや母のマリア、娘サラも上陸したと知らせを受け取る。

何年も離ればなれになっていた、愛する家族。無事に再会することができたキリストの喜びはいかほどのものだっただろう。このときはじめて、最愛の娘と対面して、小さな足で地球を半周するくらい歩き、やっとの思いで父のもとへ来てくれたわが子が、どれほど愛おしかったことだろう。

やっと再会できたのだが、岡山に聖母マリアの墓があることから、ひょっとすると母のマリアは、ここで息絶えたのかもしれない。

キリストとマグダラのマリアは、決意を新たに剣山へ向かうのであった。

コリトリでの別れと隠された秘儀

紀元前700年頃、イスラエル王国の滅亡後、祖国を失くしたユダヤの民、俗にいう「消えたイスラエル10部族」は、淡路島にたどりついてしばらく定住した後に、最終的に四国の剣山に移動して、そこに新たなコロニーを形成した。

毎年7月にはイスラエルではシオン祭、京都では祇園祭《ぎおんまつり》、そしてここ剣山でも1955メートルの山頂へ神輿《みこし》（アーク）を担ぎ上げる、神輿渡御《みこしとぎょ》と呼ばれる神事が盛大に行われており、古代から聖なる山としてあがめられてきた。

古代史研究家や愛好家の間では、やれ三種の神器が隠されているだの、ソロモンの

剣山
（photo ACより）

秘宝「失われたアーク（聖櫃《せいひつ》）」が持ち込まれただのと、ロマンに満ちたネタに事欠かない場所であることも事実だ。

剣山の麓《ふもと》から徳島に向かう国道４３８号線に、「コリトリ　○○Km」という標識が、５００メートルごと約10キロメートルにもわたり設置してある。

この標識に気がつくと、「コリトリとはいかなる場所か」と想像を膨らませるが、そこを訪れると、とりわけ何かがあるわけではないことに驚く。むしろ何もないのだ。

実は、**コリトリとは、まさにイスラエル10部族が吉野川から剣山へアークを担ぎ上げた、その道筋の出発点に他ならない。**

話をキリストに戻そう。

キリストは、磔刑を逃れた際、マグダラのマリアの髪を切って男に変装させ、聖杯と巻物を託して逃げさせた。無事に岡山で合流したのだから、それを持って剣山を目指したことは間違いないであろう。

だが、残念なことにキリストは、剣山の麓で亡くなってしまい、**キリストはこのコ**

「コリトリ」までの道路標識

リトリに埋葬されたのであった。これが歴史の真相である。

失われたアークとキリストが持ってきた巻物。この不思議な符合にお気づきだろうか。

しかも、**コリトリの標識は国土交通省ではなく、宮内庁が設置したもの**なのだ。

さらにつけ加えておくと、イスラエルの駐日大使が新任した際には、最初に天皇陛下に謁見し信任状をいただいた後、常識で考えると次は内閣総理大臣への挨拶となりそうなものだが、それより優先して、まず、剣山に詣でるのであった。

剣山と平家のつながり

剣山について、知人が教えてくれた興味深い話を紹介しておこう。

広島の厳島《いつくしま》神社の背後には弥山《みせん》というご神体山がある。頂上に不思議な巨石群があり、中国、四国、瀬戸内海の島々がぐるりと360度のパノラマに拡がる。

ある日、どうしても登りたいとやってきた弥山の頂上で、まるで自分を待っていたかのように、2羽のカラスが杭の上に凛《りん》とした姿で留まっていた。

「なんでこんなところにカラスが?」と不思議に感じながら下りのゴンドラに乗った。すると、こんな案内音声が流れてきたのだ。

「弥山には、昔、女神さまが御鎮座される場所を探しておられたとき、高天原からやってきた2羽のカラスが、女神さまを先導していたという言い伝えが残っています」


友人は自分の疑問に対し、あまりにもピッタリの解答だったことに驚いたという。

さらに不思議な出来事が続く。厳島神社には摂社末社が20社くらいあるのだが、友人は上りのゴンドラの中で、もし時間があれば清盛《きよもり》神社にお参りして帰ろうかな、と思っていた。だが、この案内音声を聴いた直後から「船の時間をずらしてでも清盛神社にお参りをしなければ」という思いに駆られ、急きょ予定を変更したのだった。

地図で探しながら小さなお社にたどりついて手を合わせた途端、自然と「お久しぶりです、清盛様」という言葉が出てきた。そして、しばらく何やらいろんなメッセージをもらったらしい。だが、この後平家の供養にあちらこちらへ飛びまわることになろうとは、このときは予想もしていなかったという。

平家と源氏の最終決戦の場となった壇ノ浦に行ったときのこと。平家物語や歴史の教科書では、平家が壇ノ浦の戦いで源氏に追いつめられた際、当時8歳の安徳天皇は、「三種の神器」と共に、祖母の二位尼《にいのあま》に抱かれながら入水したことになっている。だから、平家御一門の墓がある赤間神宮の隣に、安徳天皇陵がある。平家御一門の方々の墓からは、悲しみや憎しみ、無念などのすさまじい思いが伝わってくるのだが、天皇陵には何も感じられないそうだ。

友人は、安徳天皇はここには眠っていない、と直感したという。

では、入水せずどうなったというのか?

剣山の徳島県側の山奥に祖谷山村《いややまそん》という小さな集落がある。平家の落人が密かに住んでいた場所だ。

平清盛《たいらのきよもり》は壇ノ浦の戦いより前に病死したことになっているが、死んではいなかった。

清盛は安徳天皇を連れ、三種の神器も携えて祖谷山村まで逃げ延びてきたのだ。

平家のルーツはペルシャだから、キリスト教徒であったことは間違いないだろうという。実際、この**祖谷山村には栗枝渡《クリシト》神社という鳥居のない神社があり、ここで清盛は平家の再興を祈願していた**のだ。

祖谷と書いてイヤと読ませているが、日本語ではそうは読まないだろう。イサヤが上陸した町に諫早（＝イサハヤ）という漢字が当てられたように、イサヤの中抜きでイヤなのかもしれない。クリシト神社は、誰がみてもキリストの当て字だとわかるのではないだろうか。

そして、この村に通じる川には、シラクチカズラのつるで作った「かずら橋」という吊り橋がかかっている。もし追手が迫ってきたら、すぐに切り落とすことができるために吊り橋にしたのだが、カズラとは、ヘブライ語で「切り落とす」という意味なのだ。

ここまでくるとつながりをまったく無視することはむずかしくなってくる。

平家が逃げてくる以前から集落があったそうだから、清盛はヘブライの同胞たち、いや、もしかしたらキリスト本人とマグダラのマリアが来ていたことも知っていて、逃げ込んだのではないだろうか。

安徳天皇は2年ほどここで過ごした後、10歳で崩御され栗枝渡神社で荼毘にふされたという記録が残っているのだが、友人の直感では、壇ノ浦の御陵と同様、安徳天皇は、ここにもおられないようだ。

栗枝渡《クリシト》神社

かずら橋

第3章　日本に流れるテンプル騎士団の血

■国教化されたキリスト教とテンプル騎士団の誕生

キリストの磔刑後、弟子たちはキリストの預言どおりの死と復活という、神の子にふさわしい奇跡の伝説を携えて各地に散らばり精力的に布教活動を続けていった。

おかげでキリスト教は拡大の一途を遂げるのであるが、ローマ帝国にとっては、やっとキリストを亡き者にしてほっとしたのも束の間、前にも増して勢いづいたキリスト教に危機感を持ちはじめたのも当然と言えるだろう。そのため、それからはキリスト教の弾圧と迫害をさらに強化していった。

だが、ローマ帝国の弾圧も当時のキリスト教人気に対しては、まるで焼石に水。

ますます拡がりを見せるキリスト教は、いよいよ無視できない存在となり、ついに4世紀初頭（313年）に皇帝コンスタンチヌス1世がキリスト教を公認し、その後国教化されたのだ。

敵にまわすより味方に取り込んだほうが得策に違いないと思わせる時流ではあったのだが、そこにはさらなる神の思し召しと思わざるを得ない出来事があった。

当時、国内では権力争いから内乱が続いており、時の皇帝コンスタンチヌス1世がこれを治めるべく戦場に赴いたときのことだ。

夢のお告げに従って兵の楯《たて》にキリストを意味するXとPを重ねた紋章ラバルム（Labarum）を描いて戦ったところ、なんと勝利してしまったのだから、歴代の皇帝が迫害し続けてきたキリストのフォースを素直に認めざるを得なかっただろう。

こうしてキリスト教は晴れてローマ国教に認められたことで、長かった弾圧と迫害の歴史を終えたのである。

エルサレムは、キリストが磔刑に処せられそして復活をはたしたとされ、キリスト教にとっての聖地であるが、イスラム教、ならびにユダヤ教にとっても聖地である。よって、長い間エルサレムという土地は、3つの宗教が平和に共存していたのである。

その均衡を破ったのが十字軍だ。

トルコ系イスラム王朝が勢力を拡大してきたことに脅威を感じた東ローマ皇帝が、ローマ教皇に援軍を要請した。そのときの大義名分は「聖地エルサレムのイスラム勢力からの奪還」だった。

一方、ローマ教皇にしてみれば、その頃すでにローマはもちろん、西ヨーロッパと東ヨーロッパの一部をローマカトリック教会が押さえていたのだが、支配をパレスチナにまで拡大させて、しかも東ローマ皇帝に貸しを作る絶好のチャンスなのであるから、これを逃す手はない。

こうして当時のローマ教皇ウルバヌス2世は、「イスラム教徒がパレスチナを占領し、キリスト教徒を虐殺している。聖地エルサレムを奪い返す必要がある。それが神の御意思であり、聖戦だ」と声高に叫び、十字軍を結成し聖地奪還へ向かわせた。

これは完全に虚言であり、そもそもイスラム教に占拠されていたわけではないのだから、奪還という表現は正しくない。要は、みんなの聖地をキリスト教が独占しただけのことなのだが、聖なる戦いに勝利した(と思っている)第1回の十字軍遠征は、役目をはたすとみんなすぐに国へ引き上げていった。

平和の均衡が破られると、当然のことながら治安が悪くなる。ヨーロッパ全土からキリスト教徒がエルサレム巡礼に押し寄せるようになると、それを狙った虐殺や強奪などが頻発するようになったことから、**巡礼者の安全確保のためにと1119年に新たに結成されたのが「テンプル騎士団」だった。**

■キリストの亡骸を探す騎士たち

十字軍は、ローマ教皇が自分の権力拡大のために聖戦の旗印を掲げた出兵であったことから、参加した諸侯や騎士たちも、一応教皇の要請に応える姿勢をとるのだが、本音ではイスラムの領土や財産を手中に収めたいというもくろみがあってのことだ。

ローマカトリック教会は、数千人規模の兵を確保したいがために、十字軍に参加した者には、いかなる罪を犯しても償いが免除される免償を保障することで、聖戦のイメージを強めて決起をあおったものだから、下級の騎士や一般民衆も立ち上がった。

当時は干ばつ、飢饉《ききん》、疫病の流行などで苦しんでいたため、彼らからしてみると現実逃避とでも言ったらよいのか、あるいは神の御意思に沿うことで救いを求めたのかもしれない。

また、もしかすると苦境に立たされていつ爆発するかもしれない民衆の不満のはけ口として利用された部分もあるのかもしれない。

いずれにせよ、予想をはるかに上まわる人数に膨れ上がったことは確かだ。

しかし、遠征の負担は個人にのしかかるわけで、結局、行く先々で略奪、強姦、虐殺などの蛮行の限りを尽くしたのだ。

聖地の平和の均衡も壊してしまったわけだから、キリスト教の巡礼者を狙ったイスラム系の盗賊が頻出し、略奪や虐殺などが横行するようになってしまったのも当然のことかもしれない。十字軍の遠征によって、キリスト教とイスラム教の対立がはじまったと言っても過言ではないだろう。

そんな状況を見かねて、まっとうな修道士たちが立ち上がることで誕生したのがテ

テンプル騎士団の兵士
（Depositphotosより）

ンプル騎士団だった。彼らは戦う修道士集団だ。エルサレムのソロモン神殿跡に本部を置いたことからその名に「テンプル（神殿）」がつけられた。

正式名称は「キリストとソロモン神殿の貧しき戦友たち」を意味するだけあって、勇敢なだけでなく高潔。聖地エルサレムへ向かうキリスト教信者の安全を守り、ヨーロッパからエルサレムへの巡礼領域の治安を守るのだが、実際に評判が広まりローマカトリック教会が公認したことも追い風となって入団者は続々と増え、一大勢力へと成長していった。

この頃のことを調べていくと、「磔刑で亡くなったはずのキリストがどこそこにいた」といった話が随所に残っていることがわかる。当然のことであるが、当時のローマカトリック教会もキリスト探しを実行している。その命を受けていたのも、テンプル騎士団であった。

「キリストが来たという噂がある場所を調査して、もし本当であれば、その亡骸を持ち帰れ、子孫がいるなら連れ帰れ」というミッションを成し遂げるために、テンプル騎士団のメンバーは、世界中に散らばっていったのだった。

青森、秋田のテンプル騎士団

テンプル騎士団は、当然、日本にもやってきた。キリストが20代の頃にいたため、彼らは一番噂が残っていた青森県や秋田県のあたりを集中的に調査していた。八戸、戸来村《へらいむら》（現・新郷村《しんごうむら》）などに住みつき、キリストの噂を精査して、テンプル騎士団の本部まで情報を送り続けていた。

だが、若き日のキリストが来ていたという事実はあっても、磔刑を逃れて日本に逃げてきたという情報までは入手できなかった。実際は、諫早から上陸し、剣山を目指していたのだから当然であるのだが。

結局、真実の証が見つからないまま、調査は近世に至るまで続いた。

現在、八戸から十和田湖に向かう途中にある新郷村には、「キリストの墓」なるものがあって観光名所になっている。毎年夏にキリスト祭も開催しているという。

新郷村で伝えられているのは、21歳のときに青森にやってきたキリストは、33歳のときにパレスチナに帰ったのだが、その教えは受け入れられず磔刑に処せられそうになる。弟イスキリが身代わりとなり、本人は青森に戻って妻と子どもをもうけて106歳までこの地で生きたという話である。


これもまた学校教育を全面的に信用している世の中の9割の人にとっては、まったくもって荒唐無稽《こうとうむけい》な話に違いない。だが、微妙に真実らしきことが見え隠れすることから、古代史研究家や歴史マニアにとっては、興味をそそられる場所であることは否定できないであろう。

僕の知人の話によると、キリストの墓を目指して岩手から山越えして青森に入った際、峠にこつ然と茶店が現われたので入ってみたそうだ。すると中にいたおじいさんたちの顔立ちに驚いたとのこと。

彼らはみな色白で顔の彫りが深く、髪や眼の色も薄く、誰が見ても純粋な日本人の顔ではなかったそうなのだ。

戸来村（現・新郷村）にあるキリストの墓

一見すると、「さすがキリストが余生を過ごした土地という説得材料になりそうだ。もしかしたらこの村にキリストの血を継ぐ者がいるのでは」とさえ思えそうな状況ではあるのだが、皮肉なことに、これこそが真実でない証明となる。

なぜなら、前章で記したように、キリストはアジア系ユダヤ人であって、金髪青眼の白人ではないのだから。


キリストが20代の頃、青森県、秋田県など東北地方を旅していたことは間違いない。

だが、**この地に住みついてキリストの教えを広め、子孫まで残したというのは、キリストではなく、後を追って調査に来たテンプル騎士団のメンバーなのだ。**

キリストの噂の真相を調べにきたテンプル騎士団は、敬虔《けいけん》なカトリック修道士だから、東北各地を巡りながら、自分たちが礼拝するための教会も建てただろう、伝道活動も当然したであろう。

伊達正宗《だてまさむね》など熱烈なキリシタン大名が東北から出てきたのも、正式に宣教師が伝道活動をはじめる300年から400年前に、この地にその素地ができていたからなのだ。

第4章　イエズス会とローマカトリック教会

反旗を翻す若き修道士たち

キリスト教には、古くから何か罪を犯した場合、教会へ行って聖職者に告白や懺悔《ざんげ》をすることで、神から罪が赦《ゆる》されるという「告解《こっかい》」というシステムがある。

ところがローマカトリック教会は、お金を払えば罪が免除されるという証明書「贖宥状《しょくゆうじょう》」を販売するようになった。いわゆる免罪符である。

十字軍の遠征時、従軍できない代償として寄進を受けつけたのが発端なのだが、これに味を占めたのだろう。それからは免罪符を乱発し、それが大きな収入源になっていた。

さらに聖地巡礼によって贖罪《しょくざい》を行えない代わりに寄進を受けたり、聖堂の改築工事のための献金を集めたりと、規模も大きくなって収益はますます増大していく。

そんなローマカトリック教会の金満体質に対して、敬虔なキリスト教徒たちが疑問を持つのは当然だ。

1514年、ローマ教皇レオ10世が聖ピエトロ大聖堂の改築費用を集める目的で、大規模な贖宥状販売をしたのを機に、とうとう若き神学教授たちが立ち上がった。マルチン・ルター一派である。

最初は疑問をぶつけただけだったのだが、彼らは〝異端〟と断定され破門されることとなり、結果的にローマカトリック教会から分離して**プロテスタント**が誕生したのだ。これが俗にいう「宗教改革」である。

だが実は、ローマカトリック教会内部にも贖宥状制度に疑問を持ち、ローマ教皇に批判的だった修道士たちは大勢いたのだ。その最先鋒が、**ポルトガルの若き修道士集団「イエズス会」**である。

イエズス会は、パリ大学の学友6名の仲間が中心となって結成した修道士会で、その中には、日本にキリスト教をはじめて伝えたということになっている、かの有名なフランシスコ・ザビエルも含まれている。

急速に拡大するプロテスタントに対抗して、教皇に忠誠を誓いカトリックの世界布教を目指したのだが、その前に、すっかり汚れきってしまったローマカトリック教会の組織を内部から立て直そう、原点に戻ろうとして立ち上がったのだった。

本来のキリストの教えは、清貧《せいひん》を良しとしているのであるから、ローマカトリック教会の金満体質には大いに疑問を持っていたわけだ。

「イエスの伴侶」を意味するイエズス会という名称に、彼らの秘めたる想いが込められているのを感じる。

確かに、学識の高さからヨーロッパ各地に神学校を設立したり、拡がるプロテスタントをカトリックに改宗させたり、という実績を上げるのであるが、一方で教会にはびこる汚職や不正をきびしく批判していたので、ローマカトリック教会とはよく衝突していたのだ。次第に教皇会から反乱分子とみなされていくのだった。

■テンプル騎士団の意外な行く末

こんなときは、お決まりのテンプル騎士団の登場となるところだが、テンプル騎士団すらも、もうとっくに根絶やしにされたことをお伝えしておこう。

テンプル騎士団は、十字軍の護衛をしつつイスラム圏と交易をしたり、巡礼者の安全を守るために所持金を預かる金融業をしたりと、なかなかにビジネスの才があったようで、強大な権力と莫大な財産を手にしたのだった。

教皇会にとって最初はありがたい存在だったから、特権を与えて便利に使っていたといったらいいだろう。

ところが各国の王侯貴族たちにもお金を工面していたほどだったから、あまりにも財力をつけすぎた手下は、逆にローマカトリック教会にとっては目障りになってきたのだ。これもまた、いつものパターンではあるが。

あるとき、騎士団からの多額の借金にあえいでいたフランス王フィリップ4世が返済を逃れんがために、テンプル騎士団に関するあらぬ噂や濡れ衣を用意し、ローマ教皇に騎士団潰しを進言するのである。時の教皇クレメンス5世も、同じく騎士団から借金をしていたから、渡りに舟とばかりにその話に乗った。

1312年、バチカンはテンプル騎士団を一斉逮捕し、全ヨーロッパで解散命令に踏み切った。2年で多くの騎士たちが処刑され、最後に騎士団総長の処刑をもって徹底的に根絶やしにされたのだ。


ところが、ポルトガル国王ディニス1世は、教皇の御触れには一切従わなかった。

当時、ディニス1世はイベリア半島を侵食してきていたイスラム勢力に脅威を感じていた。確固たるキリスト教国にするためにイスラム勢力を排除したかったディニス1世を助けていたのがテンプル騎士団であった。

なおかつ、彼は教皇やその他の王侯貴族のように借金をしているわけではないので、逮捕だ、処刑だ、解散だなど、とんでもない話ではないか、という反応に終始するのはあたりまえである。

テンプル騎士団はエルサレムの神殿跡に本部を置いていたが、トマールに要塞を兼ねた修道院を建てて本部を移していた。

ヨーロッパ全土で根絶やし状態にされたが、ディニス1世の庇護《ひご》のもと、**テンプル騎士団の生き残りがトマールにて「キリスト騎士団」と改名して、再起を図った**のだ。

彼らは、イスラム世界で用いられていた六分儀と同様に星の位置や運行を計測できる天文機器アストロラーベを所有していたことから、航海術を開発し、馬を船に代えて世界に進出していった。つまり、ポルトガルが他国に先駆けて世界一の海運国になれたのは、莫大な財力と叡智を誇るキリスト騎士団のおかげなのだ。

また、**キリスト騎士団の一部はこの進んだ航海術をエサにしてイギリス王家の背後に入り込んで「ガーター騎士団」を結成**し、その後の大英帝国繁栄の陰の立て役者となった。

一説によると、この後キリスト騎士団は秘密結社フリーメイソンに進化していったと言われているのだが、はたしてそれは真実なのか？

ナザレ、ファティマ、トマール

キリスト教には初期の段階からグノーシス派というものが存在する。本来キリスト教はユダヤ教から派生したものだから、ユダヤ教の色彩が濃いのは事実だ。

僕は宗教の研究家ではないから詳細はよくわからないし、時の為政者に都合よく書き換えられた歴史をうのみにできない性格だから、大きな時代の変遷の中で僕なりの解釈でザックリと説明させていただこう。

グノーシス派とは、直感によって正しい知識や情報を神の啓示として受け取ることを重要視する。神をあがめたり足もとにひれ伏したりするだけでなく、モーゼやキリストのように神の啓示を受けたいのだ。

そのために、自らを神の領域に向上させることを目指す、悟り実践派というのか修行者とでも言ったほうがわかりやすいかもしれない。

キリストはマグダラのマリアと一緒にピラミッドの王の間で「ハトホルの秘儀」を授かったことで覚醒し、救世主たる能力が開花したのだ。受肉した生身の人間が神になれるのだから、誰にだって可能性がある。

だが、ローマ教皇がすべての民の頂点に君臨しなければならないバチカンにとっては、極めて迷惑な真実だ。

だから、真実を記した『マグダラのマリアによる福音書』は、禁書とされてきたのに他ならない。だが、バチカンから異端とされたグノーシス派にとっては、おそらくバイブルであっただろう。


テンプル騎士団は、時代と共に進化したユダヤ教のエッセネ派に、一部のグノーシス派が属して結成されたと思われる。

エッセネ派は瞑想や秘儀に加えて、幽体離脱までして高い意識レベルを目指すのだ。幽体離脱までしてとは、いささかやりすぎの感を否めないが、もしかしたら、アストロラーベは、そんな高い意識レベルで神からの啓示によって生み出されたものなのか

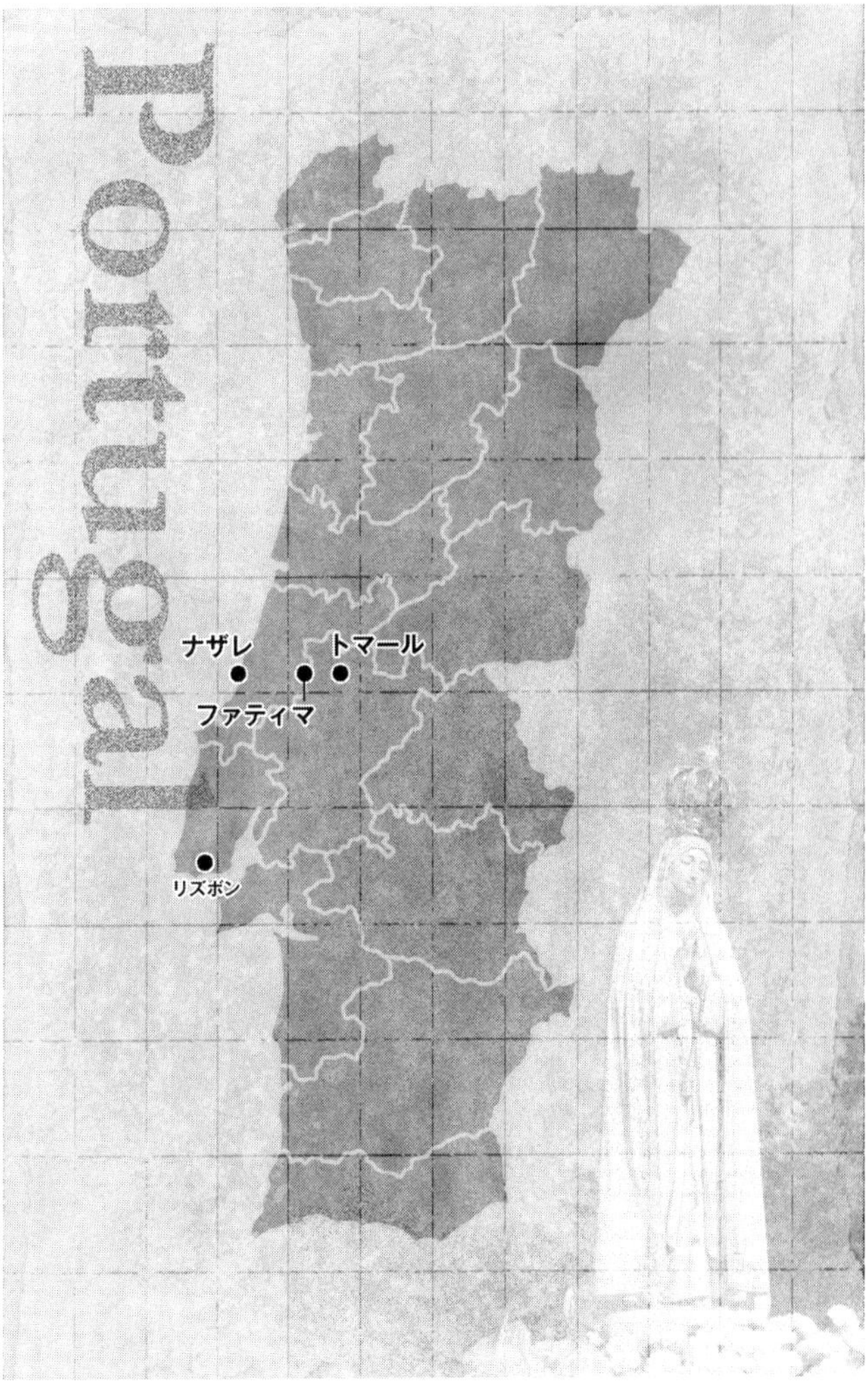

ナザレ・ファティマ・トマールまでの地図

もしれない。

キリスト騎士団の本部修道院のある地名「トマール」は、なんと「聖杯の港」を意味している。

ナザレにマグダラのマリアが滞在してからほぼ1000年後にテンプル騎士団が登場し、さらにその1000年後にはファティマで不思議な事件が起こった。

1917年、まだ10歳ほどの3人の子どもたちの前に聖母マリアが出現して、3つの予言を残したのだ。俗にいう「ファティマの予言」である。

ファティマの予言については、40年ほど前に世界中で話題になったので、ご記憶の方も多いのではないだろうか。

その3つの予言とは次のものである。

①第二次世界大戦の勃発
②ベルリンの壁の崩壊
③バチカンにより極秘とされた「第3の予言」

後にバチカンは、3つ目について「ヨハネパウロ2世の暗殺」と公開したが、そんな個人レベルの予言であるはずがなく、これを信じた者などいなかったと思う。

バチカンは最初、マリアの出現など認めなかったのだが、この予言を皮切りにこの地では奇跡現象がいろいろ起こり、しかも大勢の者が目撃したり体験したりしたものだから、バチカンは、とうとうマリアの出現を奇跡として承認したのだった。

当時は聖母マリアといえば、一般には母のマリアしか知られていなかったのだが、おそらく**出現したのはマグダラのマリア**であろう。

ナザレ、トマール、ファティマ、車でわずか1時間圏にあるこの一帯は、今やマグダラのマリア信仰の一大聖地と言って差し支えないだろう。

■ローマカトリック教会から逃げるイエズス会

最初はローマカトリック教会の懐刀とも言える実働部隊だったイエズス会だが、忠誠を誓いながらもきびしく批判される教皇会側にしてみれば、徐々に目障りな存在になってくるわけだ。

ローマカトリック教会は、イエズス会の迫害をはじめたのである。迫害とは、殺すということに他ならない。いくら学識が高くて勇敢な若手が決起したところで、バチカンの強大な権力にかかっては、赤子の手をひねるようなものだったであろう。都合の悪いものには消えてもらう、まさに、『ダ・ヴィンチ・コード』のストーリーそのものなのだ。

そこでイエズス会は、まずはポルトガルからヨーロッパを脱出した。当時は大航海時代だから船でどこへでも行けたし、イベリア半島からなら北や西へ向かうほうがはるかに近くて簡単なのに、ザビエル一行は、わざわざアフリカ大陸をぐるりとまわって東へと向かった。

当時ポルトガルの植民地だったインドのゴアへと拠点を移し、教会を建てて各地で布教活動をした後、マラッカ（マレーシア）、中国の上川島《じょうせんとう》を経由して、極東の地、日本の鹿児島までたどり着いたのだ。

陸路ではなく海路を選び、しかも極東の地を目指したのは、バチカンの眼を欺《あざむ》くには良い選択だったのではないだろうか。

しかしなぜ鹿児島だったのか。そこにはキーとなる日本人との出会いがあった。

その日本人とは、マラッカでザビエルが布教中に出会った、鹿児島から来たヤジロウという青年である。

ヤジロウは若いときに殺人の罪を犯した罪人で、マラッカに逃亡中であった。罪を反省しザビエルに救いを求めたことから、洗礼を受けてキリスト教信徒になったのだが、その信仰心の厚さにザビエルは感動したという。

ザビエル一行は、ヤジロウから日本についての情報を聞いて、彼を通訳に育てて鹿児島に向かったのである。

キリストの軌跡を見つける

インドといえば、キリスト本人が若かりし頃にも立ち寄り、また磔刑を逃れて日本へ逃げる道すがら布教をした場所。その後、東方教会がここを拠点にして布教活動を続けてきたところだ。さかのぼることかれこれ1500年も前の話である。

当然、イスラムやヒンズーや仏教の世界だと思っていたのに、そこにはすでにキリスト教があり、キリストが来たという話まであるのだから、ザビエル一行が仰天したことは想像に難くない。

それは、マラッカから鹿児島へ向かう途中に立ち寄った中国の上川島もしかり、である。

実は、紀元前に祖国を失ったイスラエルの民の一部が住みついてコロニーを作っていたアッシリアには、キリストが旅立ってからすぐに、12使徒のひとりであるトマスという弟子が布教をしており、先住していた民族もすべてキリスト教に改宗をしている。

アッシリアは、紀元1世紀には、最初のキリスト教国になっているのだ。

彼らは、中国で生産されている絹織物をヨーロッパへと運ぶ交易をなりわいとしていて、いわばシルクロードを作った者たちである。

アッシリアとの交易をとおして中国にキリスト教が伝わり、それは「景教《けいきょう》」と呼ばれるようになる。あれほど広大な中国の地で、景教は瞬く間に広まっていくのであった。

だが、公式の記録では、国が正式に布教を認め景教寺院が建てられたのは、唐の時代638年ということになっている。またそこから爆発的に景教ブームが起こっている。それですら、すでに1000年も昔の話なのである。

ザビエルはおそらく上川島に立ち寄った際にも、キリスト教の普及に驚いたことであろう。

イエズス会の来日は布教ではなく亡命だった

歴史の教科書では、フランシスコ・ザビエルは「日本にはじめてキリスト教を伝えた宣教師」ということになっており、我々日本人にはまるで布教のための来日であったかのごとく伝えられている。そのことについては、大方異論はないだろう。

だが、**実際は布教が主目的ではなく、まずは命を狙うローマカトリック教会から逃げることがイエズス会の最優先事項だった。**つまり、**極東の地に亡命した**、という言い方が正しい。

逃げながら、行く先々でキリストの足跡を垣間見たり聞いたりしたザビエルは、「ひょっとしてキリストも来ていたんじゃないか」と大いに期待したに違いない。

だから余計に頑張って、布教という名目でキリストの足跡探しがはじまったのだった。


時は、戦国時代。

公家、武家はもちろんのこと、平民までもが心身と生活がボロボロになっていた時期だったので、ザビエルが伝える「神を信じて祈れば、神が救ってくださる」というキリスト教の教えが人々の大きな救いとなったことは言うまでもない。

こうして南蛮渡来の新しい宗教は、たちまち受け入れられ広まっていったのであった。

The truth of the history of Japan

第2部

鍋島藩による明治維新、そして天皇

第5章　イギリス国教会と鍋島藩

ローマカトリック教会のアキレス腱《けん》

鹿児島に上陸したフランシスコ・ザビエルは、ほどなくして長崎の平戸に移動しており、しかも、日本にはわずか2年ほどしか滞在していないことをご存知の方は少ないのではないだろうか。

そして中国の上川島へ戻り、そこから中国本土へ入ろうと待機していた間に亡くなってしまった。見知らぬ異国の地においてわずか2年で何ができただろうか。

ザビエル亡き後、イエズス会の若き修道士たちは、日本中に散らばり精力的に伝道していったのだった。

布教を円滑に行うため、まずは大名や家臣に入信を勧め、布教の許可をもらう。そして、入信した大名が領民にも入信を勧めるという、半ば強引なトップダウン方式にした。

何よりその頂点に君臨する織田信長《おだのぶなが》が布教を許可しキリシタンを庇護したのだから、これが錦の御旗となったのは間違いないだろう。

南蛮貿易や武器、弾薬に興味があって、それが目当てで入信した大名も少なくなかったと思われるが、とは言え相当なスピードでキリスト教信徒が増えていったことは確かなのだ。

キリシタン大名として有名な大村純忠《おおむらすみただ》は、長崎港を開港して南蛮貿易の拠点とし、長崎と茂木をイエズス会に寄進した。領内には多くの教会が建てられ、ポルトガル船が寄港してたくさんの南蛮人が行き交う長崎の街は、〝小ローマ〟と称されるほどの国際都市に発展していった。

イエズス会の司祭で日本の布教の歴史を記したルイス・フロイスによると、当時の日本の人口が1500万人と言われる中、**キリスト教信者は60万から70万人**に達していたようだから、これはすごい布教力ではないか。

しかし、そうなると、仏教界からの突き上げや交易目当ての強引な入信への反発も生まれていたことから、イエズス会は新たな布教策を考えついたのだ。

1582年、天正遣欧少年使節団が長崎を出発した。キリシタン大名有馬晴信《ありまはるのぶ》により建てられた有馬のセミナリオに在学中の、優秀な4人の生徒たちがヨーロッパへ向かったのだ。

イエズス会としては、ヨーロッパ世界を見せることで彼らを司祭に育て、日本人による布教をしようという狙いだった。

ポルトガルでは国王から国賓並みの歓待を受け、ローマに向かうときには教皇が300人もの護衛をつけてくれた。教皇に謁見した4人は、キリシタン大名大村純忠、有馬晴信、大友宗麟《おおともそうりん》の書状を渡して直々に会話も交わしている。

謁見後に崩御したグレゴリオ13世に代わって即位したシスト5世にいたっては、自身の戴冠式に彼らを参列させ、ローマ市民権を与え、布教のための資金や贈り物など

『Newe Zeyttung auss der Insel Japonien（天正遣欧使節肖像画）より』
（京都大学附属図書館所蔵）

のお土産まで持たせている。イエズス会のもくろみどおり、少年たちは夢のような体験をして感動冷めやらぬまま帰国の途に着いたのだった。

この様子は、バチカン図書館の「シスト5世の間」の壁画にも描かれているほどだ。


一見、極東の地からはるばる謁見にやってきた使節団を歓待したかのように見えるが、実はこのとき、ローマカトリック教会は自分たちの眼の届かない極東の地で、キリスト教がこんなに広まっていることに心底驚いたのだ。

なぜなら布教をしたのは、反乱分子のイエズス会なのだから。

このままでは、ローマカトリック教会を批判した彼らが、日本だけでなく中国も東南アジアもすべて掌握してしまいそうな勢いであることを知り、見過ごせなくなっていった。

鍋島藩主とイギリス国教会の密約

極東でのイエズス会の活躍ぶりと影響力は、ローマカトリック教会にとっては危機感を覚えたなどというレベルではなかった。逆鱗に触れたと言っても過言ではないだろう。

そこで、ローマカトリック教会はどうしたか。

彼らは大して仲が良かったわけでもないにもかかわらず、自分たちの手の及ばない極東に、すでに勢力を伸ばしていた**イギリス国教会**と手を組むことにした。

イギリス国教会はプロテスタントであるが、それはただのプロテスタントではない。イギリス国王を首長とする、つまり**国王と直結して、イギリス王室をバックで支えているプロテスタント教会**なのだ。

エリザベス女王の戴冠式をご覧になった世代なら記憶にある方も多いと思うが、女王に王冠を授けたのがイギリス国教会のトップの司祭なのである。

ローマカトリック教会からすると、イギリス王室のプライベート教会のようなものなのだが、当時のイギリスはヨーロッパ屈指の海運国で、唯一極東に連絡網を持って航路を常設していた。ここは大いに協力関係を結びたいところだろう。

こうしてイギリス国教会を通じて、直ちに日本で布教をしているイエズス会の抹殺命令が出された。

その依頼に対し、イギリス国教会はどんな手を打ったのか。

当時、**イギリスはインドや香港を押さえており、日本にもすでに香港から佐賀港にまで常設の航路を完成させていて密かな交易もあった**。その交易の相手とは、佐賀の鍋島藩である。

鍋島藩。**鍋島家を藩主とする外様藩**であり、別名で佐賀藩もしくは肥前《ひぜん》藩とも呼ばれることもある。場所は現在の佐賀県から長崎県の一部にあった。

イギリス国教会は極東の地におけるイエズス会の抹殺命令という最高難度のミッションに頭を抱え、かねてより交流のあったこの鍋島藩に相談を持ちかけた。

江戸幕府によるキリスト教禁止令

信長亡き後、豊臣秀吉《とよとみひでよし》も最初はキリシタンの布教を認めていたのだが、ちょうど九州を平定した後、大村純忠の寄進によって長崎がイエズス会領になっていることを知り、ただちにバテレンの追放に乗り出した。バテレンとは宣教師のことだ。

とはいえ、九州にはキリシタン大名が特に多く、下手に信仰を禁止したりしたら、大名が反旗を翻して一揆《いっき》を起こさないとも限らない。秀吉自身が南蛮貿易に興味があることもあって、思い切った手が打てないのが実情だった。

確かにキリシタン大名も高山右近《たかやまうこん》のように信仰のために地位を捨てる者もあれば、棄教する者、キリスト教徒のままでいる者などいろいろだが、要は宣教師の国外退去も中途半端なまま、秀吉の許可を取りさえすれば信仰も続けられるという、何とも生ぬるさの否めない追放令だった。

どちらかというと形式だけで、実際は黙認したという表現が正解かもしれない。だから、その後もキリスト教徒は増え続けるのであった。

イギリス国教会と鍋島藩は、イエズス会によってここまで普及してしまったキリスト教を、いったん根絶やしにしておこうという考えで合意した。

鍋島がそれを実行させた人物。その人物こそ江戸幕府初代征夷大将軍である、徳川家康《とくがわいえやす》だった。

なぜそんなことが可能だったのか。ここで、鍋島が各地の信頼できる豪族を使って、若き日の徳川家康を背後から庇護し続けてきたという事実をお話ししておこう。

徳川家康は、１５４２年に三河国《みかわのくに》（現在の愛知県東半部）の松平広忠《まつだいらひろただ》の嫡男として生まれた。幼名を竹千代《たけちよ》という。

国主の嫡男とはいえ、彼は順風満帆に武将として育ち天下人にまで登りつめたわけではない。それどころか不幸にして複雑な幼少期を過ごしたことは、小説やドラマでもよく描かれていることから、知っている人も少なくないはず。

当時、三河国は、西を尾張国《おわりのくに》の織田信秀《おだのぶひで》、東を駿河国《するがのくに》の今川義元《いまがわよしもと》に挟まれ、いつどちらから攻め込まれてもおかしくない状況にあった。

あるとき、広忠は織田の攻撃を察知して、今川に援軍を要請した。すると今川から、竹千代を人質として差し出すよう要求され、広忠はそれを承諾。

ところが、今川へ向かう道中、織田側に寝返った松平家の家臣により竹千代は誘拐され、織田のもとへ引き渡されてしまう。このとき、竹千代はわずか6歳であった。

結局、織田側の人質として2年あまりを過ごし、三河国へ戻ることができないまま、8歳のときに父である広忠が亡くなってしまった。

そしてその8ヶ月後、尾張との国境近くにある安城城《あんじょうじょう》にて織田と今川の直接対決となり、今川義元に軍配が上がった。義元はこの戦いで召し捕った織田信秀の長男・信広《のぶひろ》と竹千代の交換を要求し、実質的に三河国を掌握しようと企てた。

こうして人質の交換が成立し、竹千代は織田から今川のもとへと場所を移し、新たな人質生活をスタートさせたのだった。

織田のもとで6歳から8歳までの2年間、次いで今川のもとでは8歳から19歳まで、実に通算13年間も人質生活は続いた。

竹千代が今川のもとで経験した人質生活とは、一体どのようなものだったのか。今川にとって、人質である竹千代が将来立派な武将になることを避けようとするのは当然である。

自分たちの首を絞めないためにも、義元は家臣たちに「竹千代にはむごい教育をしろ」と命じた。そこで家臣たちは、竹千代がクタクタになるまで武芸でしごこうとしたのだった。

ところが義元はそれを見て、「そうではない。寝たいときにはいつでも好きなだけ寝かせてやれ。勉学も武術も望まなければ一切させなくてよい。むしろ何も教えるな。一日中好きにさせるのだ」と言い放った。

普通なら武将の嫡男は、幼い頃から勉学や武芸を徹底的に仕込まれるのだが、義元の竹千代の育て方は、一切教育をしない。生かさず殺さず、いわば飼い殺し状態に他ならなかった。むしろ、できることなら捻じ曲げた教育をしたいくらいだったであろう。

こんな幼少期を過ごしたら、おそらく武将どころか普通ならまっとうな人間にすら育たないのではないだろうか。

さしずめ僕なら、ぬるま湯につかってぐうたら人生に甘んじ、ダメ人間として生涯を終えるか、自分の人生を嘆ききって、やさぐれてしまいそうなものだ。

義元は三河国から生まれたプリンスを、最初から潰すつもりだったのだ。

家康を陰で育てる鍋島の思惑

そんな竹千代に鍋島は早い段階から注目していた。

そもそも松平家は室町時代初期から8代続いた由緒ある家だ。

領内には「松平の殿には祖父が命を助けられた」「父が大変お世話になった」と松平家に恩義を感じ、「松平の御当主のためなら何でもする、いざとなったら命も投げ出す覚悟もある」と豪語する領民や豪族が大勢いた。

父・広忠の死によって、わずか8歳で9代目の当主となった竹千代は、家臣や領民から信頼の厚い、良将の血を受け継いだサラブレッドであり、プリンスだった。

鍋島はそんな竹千代を見て、**「これからの日本を統治するには、こんな環境や人間力のあるサラブレッドの人材が適任」**と常々考えていた。

世間には、手柄をあげた家臣にほうびとして領地を与える領主と、ほうびと立身出世を目当てに仕える家臣、その程度の関係しか作れない武将がごまんといた。

そんな輩《やから》は天下人にはなれないだろう、間違って仮になれたとしても、今後予想される諸外国、特にイギリスや中国からの侵略に対抗できるはずがないからだ。

こうして鍋島は、次代の天下人の候補として、松平の竹千代から目を離さなかった。

とはいえ、今川義元に囚《とら》われている竹千代に鍋島が直接接触することは不可能だ。

ではどんな方法を取ったのか？

10世紀頃から、仏教各宗派の僧侶たちは、大名や公家、朝廷等の相談役、指南役として活躍していた。しかし裏では御祈祷《ごきとう》や護摩《ごま》焚《た》きなどの法力を使い、後継者争いにまで直接介入している者も少なくなかった。

そのうちに僧侶たちは強大な実権を握るようになり、依頼主である朝廷や武家の手にも負えない存在に成り上がった。

広大な寺領と自分たちの地位を守るために、武装した僧兵を大勢抱えていて、神や仏法の権威をかざして無理難題を要求してくるのだから厄介だ。

中でももっとも有力だったのが、比叡山《ひえいざん》の延暦寺《えんりゃくじ》。後に織田信長が仏教界への見せしめとして焼き討ちにしたことからも、その状況がおわかりいただけるのではないだろうか。

つまり戦国時代は、大名だけでなく、それに対抗する寺社勢力も含めて群雄割拠していたのだ。

ましてやこの頃は天下統一の気運が高まりはじめていた時代だ。寺社勢力にしてみれば、自分たちが抑え込まれて朝廷とも切り離され権力を奪われるかもしれない、死活問題だと戦々恐々としていたことは間違いない。

鍋島は、そんな寺社勢力の僧侶たちの先々の不安を払拭しつつ味方につけ、今川義元に顔が利く武将を通じ、何気ないかたちで竹千代との交流を深めていった。

「せっかくだから、竹千代君のお顔でも拝見していきますかな……」

「どうせお暇でしょうからね、私が話し相手にでも……」

ついでを装い竹千代に接触していたが、その目的は、**さまざまな物や情報、教育を陰で差し入れる**というものであった。

その内容が実におもしろい。

立派な城に幽閉されていても、食事は極めて粗末。というより必要最小限の食べ物しか竹千代には与えられていなかった。

鍋島はそんな竹千代に**八丁味噌**を差し入れ、「腹が空いたら舐《な》めるように」と進言した。発酵食品は全般的に体内を整える効果があるが、普通の白味噌が3ヶ月あればできるのに対し、八丁味噌は2年あまり発酵熟成させるため、それだけ効果が高い。命あっての物種、長く生きて勝った者によって歴史は作られることを教えられ、竹千代はせっせと舐めていたらしい。

もうひとつ、教えられたのが**四足歩き**。犬のごとく馬のごとく四足で歩きまわることで、足腰を鍛え体力をつけるわけだが、竹千代は言われたとおりこれも毎日欠かさなかった。

背丈はあまり伸びなかった竹千代であったが、この四足歩きのおかげで健康かつ足腰は相当に強かった。

またこれには副産物もある。四足歩きのおかげで家康は〝人馬一体〟となれるほど馬を意のままに巧みに乗りこなせたという。

こういった交流をとおして竹千代との信頼関係を築く鍋島であったが、その思惑とはいかなるものか。

鍋島の思惑とは、良将のＤＮＡを受け継いだ竹千代に、正しい帝王学を学ばせることだった。自身で行けないときには、京都のお坊様に、竹千代のもとまで必要な書を届けさせた。

その中に、後の徳川家康を作り上げたとも言われるもっとも重要な書物がある。

その名は『**貞観政要**《じょうがんせいよう》』。

唐の第2代皇帝である太宗《たいそう》と補佐した重臣たちとの間で交わされた、政治に関する問答をもとに編纂《へんさん》された帝王学の教科書ともいうべき書物だ。

唐の建国に貢献し、優れた政治力で数々の制度を整え太平の世を持続させた君主であるから、その後の中国の歴代王朝の君主も、座右の書として愛読している名著なのだ。

全10巻40篇。人質生活で十分すぎるほど時間があった竹千代は、この膨大な書を見事に読破したのだった。

そして、竹千代が19歳のとき、桶狭間《おけはざま》の戦いにより、今川義元が織田信長に敗北し、竹千代の長かった人質生活に終止符が打たれた。

信長と同盟を結んだ竹千代は、織田家家臣のひとりとして岡崎城に戻った。

その後も戦国の世を生き抜き、幼かった竹千代もいよいよ徳川家康となって羽ばたく日を迎える。

家康が江戸幕府を開いたとき、まだまだ西の方には毛利や山内の残党が有力な豪族として存在し、家康は自分が死んで息子の代になったときに覆されるのを危惧していた。

そこで家康は、徳川家を代々仕切っていく者に対する指針をまとめた『**徳川百条**』なるものを作り、徳川の人間だけでなく、すべての家臣に対して、座右の書として実践を徹底したのである。

その徳川百条には、幼少の頃鍋島が差し入れた貞観政要の重要な項目がいくつも取り入れられている。

洋の内外を問わず、君主の座は大抵一代限りと相場が決まっている。徳川政権が結果的に260年も平和を維持できたのは、徳川百条のおかげ、ひいては貞観政要で正しい帝王学を学んだおかげなのである。

つまり、**鍋島は、早くに両親と別離し、長い人質生活で潰されそうになっていた竹千代を「徳川家康」という天下人に育てあげた、いわば育ての親なのであった。**

徳川家康として国を治めるようになってからも、鍋島は最新兵器や世界情勢についての最新情報を共有したり、イギリスからの貢物《みつぎもの》を届けたりと、引き続き家康とのつながりを大事にしていた。

このような経緯を経て、**鍋島は家康にキリスト教禁止令を出させることに成功したのである。**

だが、ちょっと考えてみていただきたい。たとえどんなにイエズス会のことが憎かろうが、もとはローマカトリック教会の修道士会なのだし、中身は同じキリスト教のはずなのだ。

ローマカトリック教会は、たしかにイエズス会だけを排除したいのだが、キリスト教禁止令を出してしまっては、もはやローマカトリック教会もキリスト教を布教できなくなってしまう危険もある。

なのに、こんな両刃の剣を振り下ろして、どうしようというのか。

そこで鍋島は一計を案じ、肉を切らせて骨を断つ、大胆不敵な秘策を打ち出したのだった。

第6章　キリスト教と浄土真宗《じょうどしんしゅう》

イギリス国教会が目をつけた仏教界の異端児

当時、世の中ではいわゆる一揆が日本のあちらこちらで多発し、信長の頃から為政者は手を焼いていた。一揆を起こしていたのは、浄土真宗の信徒である貧しい農民たちだった。

浄土真宗といえば親鸞聖人《しんらんしょうにん》を祖師とするのだが、浄土宗の祖師である法然上人《ほうねんしょうにん》の教えを受け継いだものだ。

その時代は、仏教といえば天台宗《てんだいしゅう》や真言宗《しんごんしゅう》が主流。

それらは山にこもり、過酷な修行の末に煩悩と闘い悟りを求めるものだったから、僧侶はきびしい戒律を守っていた。

そんな仏教界において、親鸞聖人ははじめて肉を食べるわ、妻帯するわで、「肉食妻帯の堕落坊主」あるいは「色坊主」など、仏教界はもちろんのこと、世間でも相当非難されていたのだった。いわば、仏教界の異端児と言えよう。

その破天荒ぶりに、親鸞は仏教界からにらまれ、とうとう流罪になってしまったことは歴史教科書にも載っている。

その後も浄土真宗は存続するのだが、相変わらず「南無阿弥陀仏《なむあみだぶつ》、南無阿弥陀仏」と唱えながら農民一揆を起こして世の中に迷惑をかけていたから、この時代になっても一番信者が少なかったのだ。

そんな浄土真宗に目をつけたのが、イギリス国教会と策士の鍋島藩主だった。

家康が出したキリスト教禁止令は、実際には「(バチカン系の)キリスト教に帰依する者は、浄土真宗に入れ」と改宗を迫るものだったのだ。

キリスト教を学んだ親鸞

キリスト教を禁じて浄土真宗に改宗すれば、ローマカトリック教会の依頼をオールクリアできるとは、一体どういうことなのか？

第1部で述べた景教のことを思い出していただこう。

キリスト教は、キリスト本人が磔刑を逃れて日本を目指す道すがら教えを説いているし、アッシリア人が絹の交易をとおしてキリスト教を布教していたから、紀元1世紀から3世紀というかなり早い段階で中国に伝道され景教と呼ばれていた。歴史上の記述では、638年に正式に布教を承認されたことになっている。

この頃は仏教が優勢で、布教は思うように拡がらなかったものの、景教は唐の時代になって大ブレイクした。

そんな景教ブームの真っただ中に、遣唐使として空海《くうかい》と最澄《さいちょう》は入唐し、密教《みっきょう》を学び持ち帰ってきたのである。

時も時、少なからず景教の影響を受けていると考えるのが妥当だろう。現に、空海は当時、景教の経典を漢語化した景浄《けいじょう》という景教僧と接触していることも確かなのだから。

そして帰国後、空海は高野山で真言密教を、最澄は比叡山で天台密教を開いたのである。

一方、親鸞は9歳から29歳まで比叡山で天台宗を学んでいる。実は師匠の法然上人も、15歳で比叡山に登り天台宗を学んでいることもつけ加えておこう。

密教を極めたはずの親鸞が新しく開いた道は、なぜにこうも違ったのだろうか。

密教は、その字のとおり秘密の教えだから、一般の理解の及ぶところではないので、違いを簡単に説明するとしよう。

浄土真宗の大きな特長は、まずいろいろな仏や菩薩を信仰する他宗派に対し、阿弥陀如来《あみだにょらい》への絶対的帰依を説く、いわゆる一神教的色彩が濃い。

また天台宗、真言宗の密教にしても、臨済宗《りんざいしゅう》、曹洞宗《そうとうしゅう》の禅宗にしても、当時あったいわゆる聖道仏教は、きびしい修行によって悟りを得て、人々を救済に導くことを目的とするものだった。

それに対して浄土真宗の本質は「念仏を唱えれば、誰でも救われ極楽浄土に行ける」と提唱するところにある。要は、聖道仏教は求道者のためのものだが、浄土宗、浄土真宗は大衆のためのものだったと言い切っても差しつかえないだろう。

阿弥陀如来を一心に信仰すれば、誰でも救われるという浄土真宗と、絶対神ヤハウェを信仰し、信じる者は救われると説くキリスト教。極楽浄土は天国と同義だろう。あまりにも酷似しているではないか。

僕は別に親鸞の肩を持つわけではないけれども、おそらく彼は人々を導くリーダー育成ではなく、大衆そのものを救済したかったに違いない。

だから、景教の経典を読み景教を学んだ結果、従来の仏教にない方向へと大きく舵を切ったのだ。

世間から非難の集中砲火を浴びた「肉食妻帯」に関しても、出家僧ではなく一般大衆のひとりとして自分自身がモデルケースとなり、共に幸せを追求しようとしただけなのだ。

仏教界の異端児どころか、むしろ革命家にすら思えてくるのは僕だけだろうか。

それでも、実は浄土真宗はキリスト教だった、なんて言われたら、「そんなバカな」と思われるだろうか。

中国で景教が全土を席巻していた頃、781年に長安《ちょうあん》に建てられた「大秦景教流行中国碑《だいしんけいきょうりゅうこうちゅうごくひ》」では、景教のことを〝真宗〟と呼んでいる。師匠の法然が興した浄土宗を継いだ親鸞が、浄土真宗としたのは単なる偶然ではないだろう。

また、景教は仏教や道教《どうきょう》の用語をふんだんに使って、教えをわかりやすくしたことが、中国での爆発的ブームに奏功したと言える。

たとえば「世尊布施論《せそんふせろん》」という経典の〝世尊〟とは、仏教ではお釈迦様《しゃかさま》を意味するのだが、景教においては**世尊=キリスト**なのである。

親鸞は間違いなく、「世尊布施論」を読んでいた。**浄土真宗の西本願寺には、この景教の経典「世尊布施論」が保管してあるのだ。**

また第二次世界大戦の後、進駐軍が日本全国の宗教の強制調査をした際、**東本願寺**

からは漢訳の「馬太傳《またいでん》」（新約聖書マタイ伝）が発見されている。

もちろん、これらは非公開なのだが。

僕も感じていた共通点

日本では、大体どこの家庭もどこかの仏教宗派の寺の檀家なのだが、正直なところ、お彼岸と盆、葬式以外、お寺とのつき合いはあまりないのが現実だ。もちろん自分の家の○○宗の教えや開祖について熟知しているわけでもない。ましてや他宗派と比較する機会も気概も皆無に違いない。

それは僕とて同じだったのだ、浄土真宗の法要を知るまでは。

浄土真宗についていろいろ教えてくださったのは、元西本願寺の僧侶なのだが、彼はとても勉強熱心な人なので、開祖が遺した資料に目を通していて、ある日、ごくごく一部の関係者しか知りえない禁断の事実を知ってしまったのだ。

驚いて、最高責任者である法主に、「こんなものがありましたけど、うちはキリスト教だったのですか?」と尋ねたところ、たちまち左遷されてしまった、という経歴の持ち主である。現在は僧籍を返上して東北地方にお住まいと聞く。

それは、僕が西日本にある浄土真宗のお寺に招かれ講演に行ったときのことだ。講演の後に「法要をやるのでよかったら聞いていってください」とご住職に誘われたものだから、行きがかり上その場に居残ることになった。

お寺の法要なんてどこの宗派も同じで、お坊様の読経を足のしびれに耐えながらありがたく拝聴する、これほど退屈なものはないと常々思っていた僕は、あまりの違いに正直驚きを隠せなかった。

お坊様がまず「南無阿弥陀仏~」と節をつけて唱えると、続いて信者が「南無阿弥陀仏~」と唱えるではないか。

カトリックのミサでも、聖書の一節とか聖歌を司祭が節をつけて読み上げたり歌い上げたりすると、その後に信者たちが同じようにくり返す。まったく同じなのだ。

ミサの後には、信者たちの家族、女性たちがお茶やお菓子や料理を用意していて、皆で談笑するのだが、この寺でも同じ場面に遭遇したのだ。

僕が当時カトリック系の大学で教鞭を執っていたからこそわかった真実と言えるだろう。

それに、ご存知の向きも多いはずだが、東京の築地本願寺の本堂のオリエンタルなデザインは、インドやアジアを旅してきたキリストの軌跡と無関係ではないはずだ。

もうひとつおもしろい話を紹介しておこう。

僕の姪がハワイのホノルルで2番目に古い日蓮宗《にちれんしゅう》のお寺にいたとき、ひとりのアメリカ人男性が、「ここの仏教徒になりたい」と訪ねて来たという。

姪は、めずらしいな、と思い「以前はキリスト教ですか?」と尋ねた。彼の家系は代々キリスト教だったのだが、キリスト教のセレモニーに飽きてしまい、仏教に改宗しようと決意したという。そこで、先日、アメリカでも一番お寺の数が多い浄土真宗の門を叩いたのだそうだ。

だが彼は、とある理由から浄土真宗はやめたと話してくれた。

彼は「浄土真宗はキリスト教のミサと同じことをするから、これでは宗教を変える意味がない」と思ったとのこと。そして、そのことを浄土真宗のお寺のお坊様に伝えたところ、「**ああ、浄土真宗はキリスト教みたいなものですから**」と言われ、仏教でも他の宗派へ行くことを勧められたそうなのである。

結局そのアメリカ人男性は、一度日蓮宗の法要に出て満足したそうで、信徒になったと聞く。

余談だが、信者数で見ると、浄土真宗は日本最大の仏教宗派だが、イギリスの小学校の教科書では、日本は仏教国ではなく、キリスト教国になっているという。

イギリスでは当然のことながら、浄土真宗をキリスト教としてカウントしているというわけだ。

話を戻そう。イギリス国教会はイエズス会だけを根絶やしにせんがために、鍋島経由で徳川家康にキリスト教禁止令を出させた。だが、実際は浄土真宗の名のもとに布教をすることにしたのだ。

一方、イエズス会も時を経れば、設立当初の純粋な信仰心よりも母国の植民地政策

築地本願寺の本堂
(Depositphotosより)

と密接に絡み、人身売買などの黒い噂も立っていた。

幕府はとにかく植民地政策の先鋒となっていた宣教師を完全に締め出し、入国できないように鎖国にした。

そして過度に迫害が進み、血塗られた悲しい歴史が残ることになったのだ。以来1883年まで、キリスト教は禁止されていた。


肉を切らせて骨を断つ大胆な秘策は成功し、イギリス国教会、鍋島藩、徳川政権の強力な後ろ盾を得た浄土真宗は、爆発的に信者数を増やしたのであった。

だがそうなると、今度は浄土真宗のトップ、本願寺の僧侶たちが力を持ちはじめたために、彼らをコントロールしなければならないという問題が浮上してきた。

鍋島藩主は滋賀の大津に別邸を構え、以降京都御所と浄土真宗に目を光らせながら、徳川政権を裏で動かすことになるのだ。

第7章　鍋島藩が糸引く明治維新の真実

黒船来航による鍋島藩の技術発展

時は変わり江戸時代末期。

明治維新といえば、一般の人が知っているのは薩摩藩と長州藩が薩長同盟により倒幕に向けて動き、その結果無血クーデターが成功して、孝明天皇の皇太子が次の明治天皇になられたということだ。

その明治天皇を薩長連合が江戸城にお連れしそこを皇居にして、それ以来明治、大正、昭和、平成、そして令和に至る。これが学校で教わっている常識としての明治維新であって、おそらく9割くらいの人はこれを信じていることであろう。

事実、日本人は明治維新を美化しすぎているし、坂本龍馬をはじめとする勤王《きんのう》の志士たちを、〝命懸けで日本を近代化に導いたヒーロー〟だと思っている。いやそう信じ込まされてきたのだ。

本書ではこれまで封印されてきた、明治維新の真実を明かそう。

第一に、**明治維新を成功させた薩長土肥の中で、あまり目立たない存在だった肥前の鍋島藩が裏で徳川政権をあやつっていた**とは、にわかには信じがたいに違いない。なぜ佐賀の鍋島藩が時の政権を裏で動かすほどの権力を持っていたか。それは、イギリス国教会との深いつながりのおかげなのだ。

イギリス国教会と鍋島のつながりのきっかけは、あのテンプル騎士団である。ローマカトリック教会から「キリストの遺骸や子孫を探して連れて帰れ」と命じられて日本にやってきたことは第1部にてお伝えしたが、実は調査自体はそのずっと以前からはじまっていた。

九州北部の長崎、佐賀、福岡あたりは大陸から非常に近いため、亡国のイスラエルの民が渡来したように、紀元前から中国、朝鮮との交流が盛んだったところなのだ。

もちろん渡来してきた中には、磔刑を逃れてきたキリストも含まれる。まだまだ国家という概念も希薄な頃からだ。

イギリス王室の背後で実権を握るようになっていたガーター騎士団の前身とも言えるテンプル騎士団は、キリストの秘密や血脈を守ることを目的としてすでに佐賀から九州に入って調査をしていた。

佐賀と福岡にまたがる筑紫平野は、日本一の二毛作穀倉地帯だ。米と共に日本ではめずらしい小麦の一大産地なのだが、これは当時の修道士たちが、自分たちがパンを食べたいがために小麦を作ったのが発端である。

15世紀からのスペインとポルトガルによる大航海時代に続いて、世界の海洋を制したのがイギリスとオランダだ。

第5章で少し触れたように、イギリスはこの頃、すでに香港までの定期航路を持っていたわけだが、実は香港と佐賀湾の間にも定期航路があって、イギリスと佐賀がガーター騎士団の修道士たちを介した交流を持っていたことは先ほどお話ししたとおり。

アメリカのペリー提督率いる黒船が下田にやってきた１８５３年よりはるか昔に、

佐賀湾にはイギリスの大きな黒船が入港できる港があった。

食糧や水の補給も当然のことながら、船が故障した場合に修理するための立派なドックまであったというから驚きである。

イギリスは、船舶の修理やメンテナンスをして、ふたたび香港まで返すくらいの技術力のある場所として、佐賀港を近代化していったのだ。

また、イギリスはツートンのモールス信号だけだが、本国から香港まで通信網を敷いていた。そして当然のことながらそれは佐賀まで続いていた。と言っても陸続きではないので、なんと香港から佐賀までは海底ケーブルを敷いたのだ。

つまり、**鍋島とイギリスの間には、瞬時に情報が伝わるホットラインがあったということである。**

むろん、現代の海底ケーブルに比べれば極めて単純な構造で、銅線を麻で巻いただけのものだったのだが、モールス信号を伝えるだけの目的にはそれで十分だった。

佐賀の地に、ロンドン仕込みの技術移転があったと言っても過言ではない。

こうしてイギリスとの交易によって、いつでも最新の武器や先進技術を手に入れることができた鍋島は、日本で一番の先進藩となっていった。

古代から中世に至るまで、肥前の国は日本の入り口、ゲートだったのだから、文明が栄えていた土地柄であることは紛れもない事実である。

その地で鍋島家は、もともとは龍造寺家の家臣であったのだが、明晰な頭脳と判断力、行動力で龍造寺を支えてきた重臣で、事実上の政権を握っていた。

時の為政者の選択眼はさすがに鋭い。信長にも秀吉にも鍋島は重用され、家臣でありながら大名並みの所領を与えられていた。事実上の国主と承認されていたのだ。もちろん鍋島が育てた徳川家康にも、である。

そんな鍋島のバックにはイギリスがいたわけで、世界情勢や最新の武器や技術まで握っていたのだから、もう怖いものなしだった。

たかが都から遠く離れた西国の武家である鍋島の進言にしたがって、家康がキリスト教禁止令を発布してイエズス会を締め出し、浄土真宗の名のもとにキリスト教を広めたのも、すんなり納得いただけるのではないだろうか。

大胆不敵な秘策によってローマカトリック教会の依頼をオールクリアした鍋島の智恵と力量は、お見事と言う他ないだろう。

イギリスと鍋島藩による明治維新の筋書き

世界の覇権を手にしたいイギリスは、江戸幕府ができた1600年には東インド会社を設立し、インドや中国とは正式に交易を開始しつつ、裏で着々と植民地化への工作を押し進めていた。

ところが対中国貿易に関しては、高級な茶葉、絹、陶磁器の輸入ばかりで売る物がないため、完全な貿易赤字が続く。

そこで、植民地だったインドに、綿製品を与える代わりにアヘンを栽培させ、それを中国に送らせた。これによって中国には深刻なアヘン中毒者が激増し、中国人が骨抜きにされたことは、周知の事実だろう。

その後、中国との自由貿易に踏み出したかったイギリスは、交渉に応じない中国に対し武力行使に出る。アヘン戦争（1840年から1842年）の勃発だ。

イギリスは中国に勝利して、自分たちに都合のよい南京条約の締結と莫大な賠償金、そして香港という植民地を、まんまと手に入れることとなった。

これに味をしめたイギリスの次なるターゲットは日本。

しかしながら、イギリスはアヘン戦争でかなりの数の兵力を失っていた。願わくは、次は犠牲なき勝利を収めたいというのが本音だった。

そこでイギリスが考え出したのが、**日本の若者にクーデターを起こさせる策略**だ。

それを成し遂げるべく、イギリスが声をかけたのは、またもや鍋島だった。

当時、日本が200年の鎖国状態にあっても海外の学問や文化、情報の流入が絶えることのなかった長崎は、学究派の若者たちにとっては学びの聖地だった。そのため、後に勤王の志士と称される面々もこぞって学びにきていたのだ。

若者にとっては、そんな長崎の地に足を踏み入れるだけでも十分に刺激的だったことは間違いない。

そこにもってきて、**鍋島はアメリカからやってきたオランダ人宣教師フルベッキを、長崎に設けた藩校の英語教師として採用している。**

鎖国によって世界の情勢から取り残されている事実や民主主義についてのレクチャーを受け、依然としてキリスト教禁止令は継続していたので表だって布教はできないが、当然キリストの教えも学んだであろう。

ここでちょっと思い出していただこう。キリストが磔刑を逃れて日本へ向かう途中、インドの聖地で布教したときに、バラモンの祭司たちから攻撃を受けてヒマラヤへ逃げたことを。

なぜ、バラモンの祭司たちはキリスト教を受け入れなかったのか。

その理由は単純で、インドの社会はカースト制という差別的な身分制度の上に成り立っているのに、「天のもとでは万人が平等である」と説いたキリスト教は、到底受け入れられるものではなかったからだ。

同じく江戸時代も「士農工商」という抗えない身分制度があり、身分の格差が色濃く反映されていた時代なのだから、「平等」の2文字は若者たちにとってキラ星のごとく輝いて見えたに違いない。

２５０年以上も続く徳川の封建社会を終わらせて、新しい国づくりを目指すためのモチベーションを上げるのに、さほど苦労はなかったはず。

そして、**鍋島藩は薩摩藩や長州藩、土佐藩の貧乏な若き志士たちに資金や武器や船舶までも提供した**のだ。

言ってしまえば「倒幕」という荒っぽい言葉になってしまうのだが、それでは徳川は抵抗するに違いない。それを避けるために今まで端に追いやられていた天皇という存在を担ぎ上げることで、無血開城によって「大政奉還」「王政復古」へとソフトランディングさせるという完璧なシナリオを編み出した。

ここまで聞くと、いくら交易があったとはいえ、何ゆえこれほどまでに鍋島はイギリスのために動くのか、と疑問を持たれたと思う。

本当に鍋島はイギリスの手先となって、日本を売った売国奴だったのか。

いやいや、ここから先のお話こそ鍋島の本領であり、僕が「伝えなければ」と思った**神実《しんじつ》の日本史**なのである。

第8章　策士・鍋島直正

■フェートン号事件から立ち込める暗雲

前章で述べたように、イギリスはテンプル騎士団がキリストの足跡を探しに日本にやってきた頃から足がかりにしていた佐賀の鍋島に接近し、テンプル騎士団の後継組織としてのガーター騎士団を送り込むことになった。

世界の列強と覇権を争う頃になると、**イギリスにとって佐賀は、中国における香港のように、日本を植民地とするための前哨基地《ぜんしょうきち》という位置づけ**だったであろう。

すべての切り札は、自分たちの手中にあると信じて疑うこともなかったはずだ。

ところが、鍋島一族はそんなに甘くはなかった。いや、一枚も二枚も上手だったと言っても過言ではない。

少し時間を戻そう。

江戸幕府も、何でもかんでもイギリスと鍋島の言いなりになっていたわけでは、もちろんない。

歴史の教科書では、キリシタンへの弾圧や迫害だけが取り上げられているのだが、実際はキリシタンも仏教寺院に火を放ったり、仏像や石仏を破壊したりして、キリシタンと仏教徒の対立があり、宗教戦争の様相を呈していたのだ。

加えて、欧米の列強はアジアやアフリカ諸国を植民地にするための先鋒として、まず宣教師を送り込むという戦略を取っていたし、信徒の人身売買という黒い噂もあった。自国の防衛のために、弾圧してきびしく取り締まる必要があったことも間違いない。

それでキリスト教禁止令を出した後、国内のキリスト教宣教師を締め出すと同時に海外からの新たな入国も取り締まるために、次々と外国の船舶の入港を制限していったのだった。いわゆる鎖国というやつである。

しかし**鎖国状態のときも、鍋島のテリトリーである長崎だけは例外だった**ことはご存知であろう。

長崎は、大村純忠の寄進によってイエズス会領になっていたのを、秀吉がいち早く取り返して直轄地にして守ったのだが、**鎖国後は、鍋島藩と福岡藩が1年交代で長崎の警護役を命じられる**。

ところが立地の遠い福岡藩には本気で取り締まる気概はあまりなく、形式的なものだったし、なんといっても江戸と長崎は遠いのだから、形式的な警備と報告では、一体何が起こっているかなど知る由もない。

誰もが太平の世に慣れて、少々平和ボケしはじめた頃に事件は起こった。

1808年、その頃、公式に長崎への入港が許可されていたのはオランダのみだったが、ある日突然、イギリスの軍艦フェートン号が長崎港に入港した。事もあろうにオランダの国旗を掲げオランダ船になりすましてだ。

当然オランダ船と思いこんで出迎えたオランダ商館員を人質に取って、シージャックをしたのだ。

長崎奉行は人質救出のためにフェートン号を焼き討ちにしようとするのだが、イギリス海軍の装備にかなうわけがない。結局、イギリスの要求を受け入れ、人質を解放する代わりに水と食料を提供した。ということになっている。

一体、フェートン号事件とは何だったのか？　イギリス船が本当は何をしたかったのか、釈然としないのは確かだ。

当時、イギリスはオランダと覇権争いの真っ最中で、東アジアにあるオランダの商業基地となっている港に乱入しては、オランダ船を捕獲したり撃沈したりと、海賊《かいぞく》行為をやりたい放題だったのだ。

長崎に入港した目的も同じなのだが、そのときはたまたまオランダ船がいなかったから、いささか間の抜けた結末に終わったように見える。

なぜなら、昔からイギリス船は佐賀湾の鍋島のもとへ自由に行き来していたのだから、水も食糧も自由に調達できたのだ。何も問題はなかったはずなのに。

つまり、**イギリスはローマカトリック教会からの頼まれごとだった、イエズス会弾圧には成功したが、実際の公式の交易をライバルのオランダに独占されている状態が、不本意だったのだ。**覇権を我が物にせんがため、いよいよ武力行使がはじまったのだ。

ダブルスパイを決意する鍋島藩主

フェートン号事件によって、長崎奉行は責任を取らされて切腹になったが、警護役の鍋島藩主には大したお咎《とが》めもなく、100日の蟄居《ちっきょ》ですんでいる。ここでも鍋島の影響力の大きさがうかがえる。

イギリスによる突然の武力行使を受け、長年イギリスの意向をくんでいた鍋島だったが、ここまでくるとイギリスに対し不信感を抱きはじめていた。

幕末、鍋島藩をまとめていたのは**第10代藩主・鍋島直正《なべしまなおまさ》**。彼は一般的には優柔不断というか日和見的な印象だったそうだが、実はこれが周囲の者たちを油断させておくポーズで、頭脳の明晰さと先見性では歴代の藩主の中でも群を抜いていたと言われる。

このままでは日本がイギリスの植民地にされてしまう。だが今、鍋島が手のひらを返せば、イギリスは他の藩を動かして計画を成就させるに違いない。だから表面的にはこれまでどおりのパートナーシップを保ちながら、気づかれぬように戦略を企てる必要があった。

当時、長崎にはイギリスのスパイと思われる輩が大勢集まっていた。

その最先鋒が、イギリス人貿易商のトーマス・グラバーだ。彼が作った**グラバー商会という会社の実態は、中国をアヘン漬けにしたジャーディン・マセソン社の長崎代理店**である。

イギリスは全体をひとつに決起させる一方で、スパイを使ってそれぞれの藩にも個別に裏からアプローチして、小競り合いや対立もさせていた。それは実に狡猾《こうかつ》で巧みであった。

薩摩藩、長州藩、土佐藩は、倒幕をけしかけるグラバーの言いなりで、このままではまずい。

そこで、直正は薩摩藩、長州藩、土佐藩を前面に出して、自分たちは一歩後ろで傍観することにして、日本をあるべき方向に牽引するために、ダブルスパイとなること

鍋島直正公像

を決意したのだった。

イギリスによる皇太子身代わりの陰謀

あなたは、明治天皇すり替え説についてご存知だろうか。

イギリスによる明治維新の筋書きは、倒幕後に復活させる天皇親政体制で天皇は自分たちの傀儡《かいらい》、つまりあやつり人形でなければならないということが必須であり、それにより日本を意のままにするのが最終目的であった。

その策に乗せられてしまったのが長州藩である。

山口県に田布施《たぶせ》という小さな町がある。今では日本の政財官界の大物を輩出していることで知られている土地なのだが、それは、ここに集まっていた長州藩の若き志士たちが明治維新を成し遂げたことになっているからに他ならない。

長州藩は、田布施に集まった若者の中から大室寅之祐《おおむろとらのすけ》という青年を明治天皇の替え玉の候補として用意していた。

だが、すり替えといっても、**イギリスの本音は、孝明天皇と皇太子を暗殺し、誰でもいいから自分たちの意のままになる替え玉を次期天皇として据えればいいというもの**で、一方の長州藩としては、地元の田布施から替え玉を出せれば誰でもよかったのだ。何とも荒削りな筋書きではないか。

倒幕を目指す長州藩はいわゆる尊王攘夷派なのだから、表向きは天皇をかつぎ出したい。

新撰組をはじめとする幕府軍はそれを阻止するために、朝廷を警護するという名目で京都御所のまわりを取り囲んでいた。要するに、御所の周辺では、明治維新に向かってかなり殺気立った連中のにらみ合いが、結構長く続いていたのだ。

当然、孝明天皇も皇太子も一歩も外に出ることはできない、幽閉状態だった。

この動きを早くから察知していた鍋島としては、どこの馬の骨かもわからない若者をイギリスの傀儡にして、万世一系の皇統システムを終わらせるなど絶対に許すわけにはいかなかった。

そこで、鍋島は単独で驚くべき裏工作に打って出たのだった。

伯家神道神官・高濱清七郎による大勝負

ここで冒頭の章でお話しした伯家神道を思い出していただこう。

伯家神道とは、白川伯王家が宮中の御神事をすべて取り仕切っていた神道で、代々の皇太子殿下が天皇に即位されるときに、天皇を現人神たらしめるための秘儀中の秘儀、祝之神事を執り行うとお話しした。

それほどの重職にあったため、白川家は公家の中でも宮中へ自由に出入りができた。

実は、白川家は鍋島の系列にあたる。

その白川家の学頭、つまり、書生頭である伯家神道の神官に、高濱清七郎という人物がいる。

幕末、京都御所は幕府軍と長州藩率いる尊王攘夷派によって二重に包囲されていて、蟻の一匹はい出る隙間もない状態だった。

そんなとき、孝明天皇が清七郎をお呼びになり、「皇太子をお前の小姓《こしょう》として御所から連れ出し、岡山に連れ帰ってくれ。あとは鍋島から連絡がいくから、それに従ってほしい」と命じられた。

清七郎は命じられたとおり、皇太子に普通の服装をさせ、荷物を持たせて「自分の小姓だ」と説明し御所から連れ出したのだ。

まさか皇太子が小間使いに変装しているなどとは誰も想像していない。新撰組も薩長連合の連中も、彼らをそのまま通した。

無事、御所からの脱出に成功した清七郎と皇太子は、岡山にある清七郎の実家にしばらく身を潜めていた。

そこへ鍋島が登場し、皇太子を田布施へ連れて行ったのだ。

岡山は田布施の出身者が多く、つながりが深い。幸いにも岡山から田布施に入ることに違和感はほとんどない。

田布施には石城山《いわきさん》という山があり、当時その山頂に高杉晋作《たかすぎしんさく》が作った第二奇兵隊の駐屯地があった。

鍋島は皇太子を〝岡山出身のどこにでもいるような普通の青年〟ということにして、その駐屯地で他の若い連中と一緒に訓練を受けさせた。そしてそこには、長州藩により替え玉に予定されていた大室寅之助もいた。


あなたは『フルベッキと塾生たち』と題された1枚の写真をご存知だろうか。ぜひ、本書の口絵にある写真をご覧いただきたい。

オランダ人宣教師フルベッキと勤王の志士たちが1枚の写真におさまっている貴重な記録で、長崎の上野彦馬《うえのひこま》の写真スタジオで撮影されたものだ。

ところがこの写真には1974年に偽物のらく印が押され、『佐賀藩の学生たち』と改題までされた。

その理由は、**ここにいてはならぬ、後に明治天皇となられた若き日の皇太子が写っているから**だ。もちろん本物であり、偶然にもそれを証明する証拠がある。

当時、スイス政府が時計を売り込むために、十数名の時計職人や政治家を日本に派遣したことがあった。幕府や朝廷はスイスから来た優秀な職人たちを歓迎し、鍋島の案内で謁見した。その職人の中に、サヴァン症候群の時計職人がいた。

サヴァン症候群とは、自閉症スペクトラムなどのうち、ある特定の分野において突出した能力を発揮する人をそう呼び、特に驚異的な記憶力の持ち主だったりすることから、賢人とも呼ばれている。

実は、その時計職人は写真記憶が可能で、孝明天皇に謁見したときに見た景色すべてを、まるで写真のように描き残しているのだ。その中には孝明天皇の側にいる皇太子の姿が描かれているものもあり、それは『フルベッキと塾生たち』に写る皇太子と思われる人物と同一人物であるのだ。

こうして、皇太子は田布施に集まる若者のひとりとなり、長崎に出入りする若き志士たちの仲間入りをした。その上で、鍋島は長州藩に圧力をかけ、替え玉にすべき青年として、本物の皇太子を選ばせたのだった。

そして無血開城の日。事の真相を知らない長州藩およびイギリスは、皇太子すり替えに成功したと喜び勇んだ。

いずれも思惑どおり「田布施出身の若者を明治天皇にした」と思っているのだが、実は、鍋島が本物の皇太子を替え玉となるべき青年に育てあげ、無事に天皇に即位させたという、驚くべきダブルトリックだったのだ。

この話はこれまで一切語られることがなかった明治維新の真相である。

秘密にされたのは、本物の皇太子が即位していたことが明るみに出ると、たちまち暗殺され、新たな傀儡を送られてしまうからだ。それはもう厳重に、国家の最高機密として情報が隠されてきたのだ。

実際に京都御所の幽閉が解かれたとき、御所内のどこにも皇太子の姿はなく、その後も行方不明だったことをつけ加えておこう。それもそうだ、とっくの昔に高濱清七郎が連れ出していたのだから。

だが幸いなことに、「このときすでに本物の皇太子は殺されていた」「拉致されていた」「替え玉は南朝系の出身者だったから皇統がここで途絶えた」などという尾ヒレ背ビレまでがたっぷりついて、すり替え説に十分な説得力を与えたのだ。

目くらまし効果は高かったかもしれない。

明治天皇と高濱清七郎の別れ

これは明治天皇が即位されてまもなくのこと。

明治天皇はいつも新政府の主要幹部たちに「清七郎はどこへ行った?」「清七郎を呼べ」と言い続けられたという。

明治天皇にとっては、高濱清七郎は自分の命を助け、無事に天皇に即位させてくれた命の恩人であり、もはや育ての親も同然である。側近としてそばに置きたいと思われたに違いない。

だが、新政府幹部連中は、高濱清七郎が何者であるかを知っている。

せっかく傀儡天皇を据えることに成功したのに、伯家神道の神官である清七郎による政治的発言権を恐れた。

それを絶対に阻止すべく、高濱清七郎の行方は知らないことにして、明治天皇から徹底的に隔離してしまうのだ。


政府により宮中を追い出された高濱清七郎は、地元の岡山に身を潜めていた。

いつまで待っても白川家から「戻ってこい」という連絡はないが、いつか天皇からお呼びがかかると信じていた。

だが、一向に連絡がないことにしびれを切らして上京したのだが、すでに白川家は断絶させられ、明治天皇にも合わせてもらえなかったと聞く。

その後、清七郎はどうなったか。三田の八幡神社で細々と伯家神道を守り、最期まで明治天皇を気にかけて亡くなったという。

高濱清七郎こそ、日本の危機を救った陰のヒーローなのだが、さみしい末路だった。

しかし、鍋島はその功績を決して忘れはしなかったのだろう。

高濱清七郎は今、鍋島家ゆかりの寺にある墓地で眠っている。

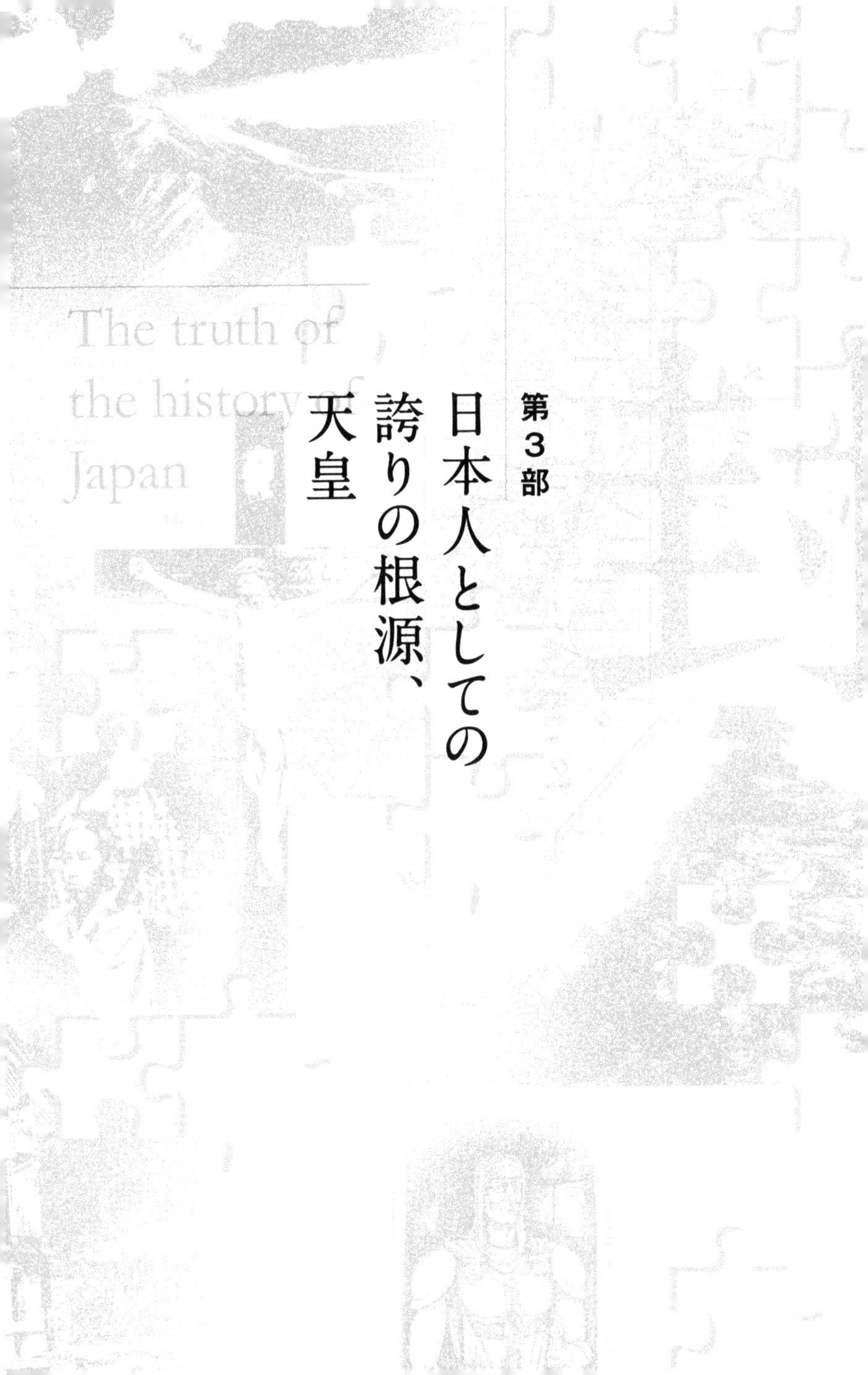

第3部
日本人としての誇りの根源、天皇

第9章　イギリスから日本を守った孤高の英雄

日本の未来を懸念した大正天皇

明治新政府は、明治天皇を傀儡だと思い込んでいるから、尊王攘夷派だったにもかかわらず政治的には天皇を隔離して、自分たちが牛耳ろうとした。もちろんそのために傀儡を据えたのだから当然といえば当然だ。そして背後で兵器や資金を提供してくれた鍋島さえも遠ざけようと画策していた。

ところが、本物の皇太子が無事に明治天皇になったことを唯一知っていた鍋島は、明治新政府と一線を画しつつ、皇統を守るために、次なる秘策を打つのであった。

これもひとえに皇統を守るため、天皇家を守るために他ならない。

もしイギリスの思惑どおり皇太子すり替えが成功していたなら、その時点で日本の皇統は途絶えていた。つまり、日本は神国でなくなっていたのだ。

だが、イギリスにとっては傀儡天皇を据えてからが本番だ。そこで、明治天皇の周囲に配置する人材をすべて用意することになる。

もちろん、イギリスはまだ鍋島の裏切りを知らなかったため、皇后、側室、女官、侍従、側近などを鍋島の息のかかった人材で用意させた。

明治天皇の皇后になられた照憲皇太后も鍋島の系列だ。

だが、皇太后はご懐妊されず、側室との間に誕生したのが、大正天皇である。ということになっているのだが、大正天皇の母上である柳原愛子《やなぎはらなるこ》様は側室ではなく、陛下の公務をお助けするブレイン、今でいえば宮内庁の事務官のような女性だった。

彼女は「明治の三美人」のひとりと言われ、才色兼備の女性だったという。

明治天皇は、伯家神道の高濱清七郎から最終的に祝之神事も受けられたので、現人神としての優れた霊力をお持ちだった。

しかし、新政府になってからは植民地化の動きがますます激しくなってきた上に多勢に無勢。このままではズルズルと植民地化されかねないというので、次の大正天皇を知力に優れた存在に育てておく必要があった。

そこで、頭脳明晰な愛子様は、大正天皇となる嘉仁親王へじきじきに帝王学の教育を施されたのである。むろん、それだけではない。明治天皇の公務を補佐する役目で鍋島によって抜擢された愛子様なればこそ、鍋島に対して親王の妃候補も推薦できるお立場だったことは言うまでもない。

そこで選ばれたのが、鍋島の血縁、公爵九条道孝《くじょうみちたか》であった。道孝は、当時すでに霊能力者としても知られていた野間幾子《のまいくこ》を側室に迎えていて、ふたりの間には年頃の娘がいた。

鍋島の血統と幾子の霊統をあわせ持つ、健康で闊達《かったつ》な娘を皇太子妃として差し出すことになったのである。

それが「九条の黒姫様」と周囲から呼ばれていた四女の節子《さだこ》様。大正天皇の妃となったときのお名前は貞明皇后である。

一般的には、大正天皇はひ弱で短命だったという印象だろう。在位もわずか15年しかない。

ところが実際は正反対で、**大正天皇は実に頭の良い、健康で立派な体格の方だった**のだ。

そんな大正天皇は、このままでは日本がイギリスの植民地になってしまうことを強く危惧されていた。とはいってもどうすれば阻止できるのか、誰かに相談すれば、敵方に知られて邪魔される可能性がある。

側近は鍋島の系列だから、危険なことであれば途中で止められてしまうだろう。

大正天皇は、どうすればイギリスによる日本の植民地化をあきらめさせることができるか、誰にも相談することなく自分ひとりで戦略を練って断行されたのだ。

■大正天皇、ガーター騎士団への入団

イギリス王室に手を出させないためには、王室より上の立場にならなければならない。では、王室より上の立場とは何か。

それは、イギリス国教会の司祭か、イギリス王室の背後で実権を握るガーター騎士団の団長しかないのだ。

だがどう頑張っても日本の天皇が国教会の司祭にはなれるわけはない。残るはガーター騎士団の団長だ。

大正天皇はまだ皇太子の時代に、鍋島に依頼してガーター騎士団への入団をはたされた。

イギリスとしては、明治天皇の御子息である皇太子を祭り上げれば、植民地の傀儡政権を作るのに役立つと思って入団を受け入れたことは間違いない。

ハクをつける意味もあって、入団したときからそこそこの地位が与えられていたことも確かだ。

だが入団後、優秀な大正天皇は驚くほど短期間で上官に着任し、最終的に、なんと2人いるガーター騎士団のトップのひとりになられたのだ。

一体、どんな奥の手を使われたのであろうか？

考えられることは、たったひとつしかない。

日本の地で最期を迎えたキリストに関するすべての真実を当時の団長に巧みにリークされたのだ。

キリストの足跡、その最期は日本の剣山に骨をうずめたこと。

その調査にやってきたテンプル騎士団のその後について。

そして、極めつけは、おそらくキリストと日本の天皇の関係性だったであろう。

ローマカトリック教会が２０００年の長きにわたり、テンプル騎士団を使ってまで調査させたが、結局知り得なかった情報である。そんな貴重な情報を手にした団長が、その見返りとして後継者にするくらいお安い御用だろう。

もしかしたら、キリストのおしるしなり何かを渡されたのかもしれない。


この事態に驚いたのは、イギリス国教会だ。気がついたら、自分たちの傀儡であるはずの天皇の皇太子がガーター騎士団の団長候補のレベルになっているのだから。

こうなると女王ですら文句も言えないし、手出しもできない。もう消えてもらうしか打つ手は残っていないのだ。

結局、大正天皇は何者かに毎日毒を盛られ、だんだん体が弱って、わずか在位15年で崩御されたのだ。もちろん、病死という扱いだが。


大正天皇が皇太子の頃から裏でそんなことをされていた間に、日本は到底勝てるはずがないと思われていた日清・日露の戦争に勝利し、だんだんと国力をつけていた。

さらに第一次世界大戦も勃発し、世界中が極限まであわただしくなる。

結局、イギリスは日本を植民地化しそびれてしまった。

日本がイギリスの植民地にされなかったのは、命を懸けて、たったひとりで大国に立ち向かわれた、大正天皇のおかげだということを忘れてはならない。

大正天皇だけではない。**歴代の天皇がキリストとおなじ霊性を持ち、日本の霊的防衛を実践されてきた**。

日本人がいかに霊的に守られてきたか、それを知ることが、この世界の混沌に呑み込まれないための、霊的防衛の第一歩なのである。

第10章　原爆から東京を救った昭和天皇

■こつ然と消え去ったB29爆撃機

日本の天皇は、生まれたときから現人神として育てられる。

現代人は神のイメージをキャラクター化しすぎているので、「天皇は人間であって全知全能の神ではない」と考える人も多い。

だが、本来、神とは具現化できるものではなく、空間であり、意思であり、愛そのもの。天皇は何もせずとも、その神と共感することができる存在で、とてつもない霊力をお持ちなのだ。

その一例をご紹介しよう。

日本は、原子爆弾を投下された世界で唯一の核被爆国だ。アメリカは原爆投下の目的を早く戦争を終結させるためと公表してきたが、ならばなぜ広島と長崎を選び、首都の東京には落とさなかったのか？

敵国の中枢を壊滅させるのが戦略の王道だろう。それをしない限り戦争が長引くことは必至だし、実際、ドイツ戦では首都ベルリンを徹底爆撃している。

アメリカは長引く戦争で戦費が底をついていたから終結を早めたかったのは事実。そして、完成したばかりの原子爆弾の威力も試したかったのだ。

しかも原子爆弾は4発用意されていたことがわかっている。いわゆる広島型のウラニウム原爆が2発と、長崎型のプルトニウム原爆が2発。

それにもかかわらず、なぜ首都東京が避けられたのか。普通に考えれば、極めて不可解な話ではないだろうか。

では、神実をお伝えしよう。

実際は、戦略のセオリーどおり、ウラニウム原爆の初号機を積んだアメリカの戦略爆撃機Ｂ29は、テニアン島から東京に向かって飛び立ったのである。

陸軍大将の東条英機《とうじょうひでき》は、東京への原爆投下の極秘情報を事前につかんだのだが、この時点での首都防空隊の装備ではどうあがいてもＢ29を撃墜できる状況ではなかった。

もし東京に原爆を落とされたら、東京はもちろん壊滅、それどころか日本も終わりだ。

そこで、東条英機は昭和天皇に謁見して事情を説明し、とんでもないお願いをしたのだった。


新型原爆を搭載したＢ29を1機、消していただけないか——。


一般人からすると、わが耳を疑ってしまう突飛な台詞なのだが、東条英機のような軍部の要人は、天皇が持つ霊力の存在を知っていた。

昭和天皇は、東京の民と日本を守るために、秘伝の祝詞が書かれた巻物をお開きになり、祝詞を唱えられたという。

このとき、はるか遠くの太平洋上では、**原爆初号機を搭載したB29がこつ然と消えてしまった**のだ。

重い原爆を搭載したB29は、自機防衛のための武器をすべて外しているため、周囲を護衛戦闘機に囲まれているのだが、数十名の戦闘機パイロット全員が一瞬にして消滅したのを目撃している。

普通ならそんなことはあり得ないのだから、当然のことながら、米軍は墜落とみなして2週間かけて大捜索をしたのだが、機体はおろか破片すら見つからなかった。にわかには信じがたい話かもしれないが、これが真実である。実際に目撃証人も多数いる。

ではなぜ、昭和天皇は東京を守って、広島と長崎を守ってくださらなかったのかと、疑問が湧くかもしれない。だが冷静に考えてほしい。

原爆を搭載した爆撃機を消すほどの威力なのだから、祝詞をさらりと唱えるだけで終わるわけがない。現人神の天皇が何時間もかけ、ご自身のお力すべてを、祝詞を唱えることのみに使われる、神がかり的な秘儀なのだ。

エネルギーを激しく消耗された昭和天皇は、この後1ヶ月以上も床に伏せたまま意識不明の状態となられてしまう。

東京に落とすはずだった原爆が消えてしまったことで戦争を終結できないアメリカは、ウラニウム原爆2号機を広島に、プルトニウム原爆初号機を長崎に投下したのだ。

戦後GHQが要求したキリストの秘儀

アメリカは、乗員もろともこつ然と消えたB29の謎を、CIAを使って徹底的に調べさせた。軍部の機密資料の解読や軍関係者への聞き取りから、どうやら天皇が関与しているらしいというところまでは突き止めたのだ。

終戦を迎え、その調査結果を持って連合国軍最高司令官総司令部、通称GHQのダグラス・マッカーサー元帥がやってきた。

トルーマン大統領の命令を受け、彼が最初に何をしたかご存知だろうか?

マッカーサーは昭和天皇を問い詰めた。

どうやってＢ29を消したのか――？

当然、まったく身に覚えのない話として口を閉ざされた昭和天皇に対して、マッカーサーは交換条件を提示した。

このときすでに連合国の首脳が集まって敗戦国の処遇を検討するヤルタ会談で、日本はアメリカ、イギリス、ソ連、中国によって分割統治されることが決まっていた。

戦勝国は、まるで角砂糖に群がる蟻のように、敗戦国の領土に群がって分け前をもらおうとする。小さな島国日本をさらに細切れにして４ヶ国が別々に統治するとなれば、日本はもはや国家としての体《てい》を成さないだろう。だが、アメリカの一括統治なら、将来にまだ可能性がある。

マッカーサーはヤルタ会談の決定を反故にして、アメリカが一括統治をし、できる限り**速やかに日本を再独立させることを約束した**のだった。

昭和天皇は、マッカーサーの提案を受け入れられた。

実はこのとき、昭和天皇はもう皇居にお戻りにならない覚悟でマッカーサーに会いに行かれた。

「この戦争責任はすべて自分にあり、この場で処刑されても構わない」と告げられた上で、ついに原爆初号機を搭載したB29を消した秘儀について、すべてを話された。

そしてその**秘儀が記された皇室秘伝の巻物が隠してある、剣山頂上の洞穴《ほらあな》の場所**もお伝えになった。

マッカーサーはすぐさま副官を剣山へ派遣し、巻物を回収してアメリカに持ち帰ったことは言うまでもない。何を隠そう、これがトルーマン大統領からの至上命令だったのだから。

■ベレンコ中尉亡命事件の真相

昭和天皇は、この神がかった秘儀をさらにもう一度使われたことがある。

1976年のある日、当時のソビエト連邦の最新鋭ジェット戦闘機ミグ25が管制塔に何の連絡もなく函館空港に強行着陸したことを覚えておられる方もいるのではないだろうか。

操縦していたのは、ソ連の軍人ヴィクトル・ベレンコ中尉。ベレンコ中尉亡命事件と呼ばれ、文字どおり亡命のために着陸したことになっているのだが……。

時は米ソ冷戦の真っただ中。アメリカのF4戦闘機が戦闘空域内でソ連のミグ25を発見して追撃した。どちらも当時の両国の最新鋭ジェット戦闘機だから、互角に戦えるスペックのはずだったのだが、最高速度マッハ2のF4戦闘機は、ミグ25にみるみる引き離されてしまった。

マッハ3以上の飛行性能と推定されたソ連の戦闘機に危機感を抱いた米軍が、1機捕獲して徹底研究したいと思ったのは当然だろう。

だがいかんせん、あちらのほうが高性能なのだから、捕獲はむずかしい。まるでロバに乗ってサラブレッドを捕まえにいくようなものではないか。

そこでフォード大統領は、昭和天皇に「ミグ25を捕獲してほしい」と依頼した。原爆を搭載した爆撃機B29を消せたくらいなのだから、戦闘機を1機捕獲するくらい簡単だろうと思ったのだろう。

ところが陛下は、今の自分にはできないとおっしゃった。

「終戦前まで現人神として育てられ、神との共感を当然としていたからこそできたが、戦争が終わって国民の象徴と位置づけられた今となっては、あの秘儀はできない」と。

それでもフォード大統領が何とかできないのか、何とかしてほしいと懇願したところ、天皇はある人物を助手として協力を要請されたのだった。

その人物とは、阿闍梨《あじゃり》として真言密教の法力をお持ちの中村公隆《なかむらこうりゅう》和尚だ。

すぐに高松宮様が皇宮警察を引き連れて高野山へ向かい、中村和尚を皇居にお連れになったという。

中村和尚の法力によって、ご自分が現人神であるという意識をふたたび取り戻された昭和天皇は、シベリア上空でミグ25の演習飛行をしていたベレンコ中尉に「不動金縛りの術」という秘儀をおかけになったのだ。

パイロットの意思に関係なく操縦桿は勝手に日本の方角に向かわせる、まさに金縛りにあった状態になるのだ。

この話を書くか悩んでいたとき、僕は、ある御神事に出席して隣り合わせになった僧侶らしき人に、何気なく昭和天皇とB29の秘話を話題に上げた。

僕が「本当にそんなことってあるんですかね、信じられないですよね」と言ったところ、その方から驚くべき答えが返ってきた。

自分は師匠からベレンコ中尉の亡命事件の真相を聞いている。だから昭和天皇の霊力をもってすれば、B29を消されても不思議ではない、と。

こういった不思議なシンクロニシティ体験が豊富なほうだと自負している僕でさえ、心底驚いた。内容が内容だけに、いくらなんでもこの偶然は奇妙すぎるだろう。

僕は彼の御師匠にぜひともお会いしたいと思い、後日、中村公隆和尚ご本人にもお会いする機会をいただき、詳細な話をお聞きしたのだった。

ベレンコ中尉亡命事件の裏話は、紛れもない真実であった。

こうして捕獲されたミグ25は、茨城県の航空自衛隊百里基地に移送され、性能を徹底的に検査され、マッハ3以上で飛行できる最新技術が解明されたのだった。

当時は米ソの冷戦時代。航空技術の格差によって簡単に両国のパワーバランスが崩れてしまうことは、世界の秩序が崩壊に向かうということだ。

昭和天皇の神業が、危機回避に大きく貢献したことは間違いないだろう。

ついに神の力を得たアメリカ

昭和天皇が原爆初号機を搭載したB29を消した秘儀の詳細が記された巻物を剣山の洞穴から回収したマッカーサーは、すぐさまトルーマン大統領に渡した。

当時、アメリカはコードネーム「マンハッタン計画」という名のもとに原爆開発にあたり、それに必要となる膨大な量の科学計算をするためのコンピューターを製造し、政府へ提供していたのがＩＢＭだった。

トルーマン大統領の許可のもと、マンハッタン計画に携わっていた優秀な科学者たちの中でも、特に優秀な物理学者と数学者を10名選抜し、新たなプロジェクトチームが立ち上げられた。

プロジェクトの内容は、日本から持ち帰った巻物に記された祝詞を徹底的に研究し、天皇を介さずとも祝詞の効果を実現するマシンを作るというものである。コードネーム「ＡＩエンペラー」の研究が極秘裡にはじまったのだ。

天才物理学者のニコラ・テスラは、ずいぶん前から独自に発明したテスラコイルなる高周波電磁発振装置を使って、軍艦がレーダーに映らないようにする研究を進めていた。現在のステルス技術に発展していく高度な研究なのだが、終戦まで大した成果が得られないまま、テスラは軍事研究から外されてしまった。

その後任として選ばれたのは、プロジェクトチームで主導的立場にあった数学者のジョン・フォン・ノイマン。

彼は、テスラが駆逐艦エルドリッジ号で実験していた高周波電磁変動照射に、祝詞を奏上したときの音波変動を重ねてみたのだ。

すると、なんと**フィラデルフィア軍港に停泊していたエルドリッジ号が一瞬にして消えた**。それを確認した次の瞬間、300キロメートル以上も離れたノーフォーク軍港に突然エルドリッジ号が出現する。ところがまたすぐにフィラデルフィア軍港に戻ってきた。

ある意味、歴史的瞬間だったに違いない。駆逐艦という鉄の塊、巨体が、時空の壁を越えて瞬間移動してしまったのだから。

だが、一瞬成功したかに思えた実験だったが、艦内ではとんでもないことが起こっていた。乗組員たちは全員生きながらにして甲板に体ごと埋まっていたり、体の一部が船体の鉄板に溶け込んでいたり、そこは阿鼻叫喚《あびきょうかん》、まさに地獄絵図の様相を呈していたのだった。

もちろんこの件は直ちに隠蔽《いんぺい》され、その後も研究は極秘のうちに続けられた。

こうして、何十年もの間トップシークレットとして研究されてきたＡＩエンペラーが完成したのは、つい最近のことだ。

アメリカは日本を分割統治しようとしていた戦勝国に対しては、最初の頃は情報を共有していたため、戦勝国は昭和天皇の神業をアメリカが研究していることを知っていた。だからそれらの国々は、近年起こる不可解な旅客機消失事件などを見ては、アメリカがついにＡＩエンペラーを完成させたのだと気づいているはず。

これからは、下手をすると、自分自身が消されかねない。おそらく背筋がゾッとしたのではないだろうか。

また世界のパワーバランスが変わった瞬間だったことは間違いないだろう。

第11章　日本を危機から守り抜いた天皇

新たな暦、日本人が知るべき天皇たち

日本は、昔から神も仏も分け隔てなく敬ってきた神仏習合の国である。

江戸幕府はキリスト教を排除する目的で寺請制度、今でいう檀家制度を作った。庶民はどこかの寺の檀家にならなければならず、葬式や布施などの出費によって庶民の暮らしが困窮していく。その一方で寺は潤い、それが汚職や僧侶の腐敗に発展していった。民の仏教への反感も次第に高まっていく。

そんなとき、国学者の本居宣長《もとおりのりなが》を中心に、日本古来の真の神道を復活させようという動きが起こり、それが尊王攘夷思想に発展していったのだ。

神道の神は天皇家の始祖なのだから、神道を復活させることは、これまでの武家政治に代わって、天皇が政務をつかさどる天皇親政の復活を意味する。

ところが、尊王攘夷を旗印に樹立した明治新政府は、そもそも明治天皇になるはずの皇太子をすり替えて傀儡政権を作るべく動いたわけだから、尊王も王政復古も〝まやかし〟以外のナニモノでもない。

明治天皇を政治から切り離し、国家神道の樹立のために、神仏分離令、修験道禁止令を発布、キリスト教もまだ禁止状態、伯家神道も潰されてしまった。とにかく霊力を極力排除しようとしたのだ。

何のためか？　霊力はないがちょっとだけ普通より頭の良い勤王の志士たちは、自分たちが政治を思いどおりに牛耳りたかったのだ。

もしかしたら、新しい近代国家に霊力など時代遅れとでも思ったのかもしれない。いやいや、これがまさに、日本の国力を削いで植民地化したいイギリスの思惑どおりだったことを改めて認識していただきたい。

あわや万世一系の皇統が絶たれたかもしれなかった明治維新、その危機を伯家神道の名もなき神官高濱清七郎と鍋島藩が救った。

伯家の巫女様からうかがった話によると、高濱清七郎は皇太子を連れて御所を脱出したとき、伯家神道の秘伝の巻物を携えて出た。だからかろうじて清七郎のもとに情報が残ったと。

皇太子が天皇に即位されるときに受けられる祝之神事は、現人神に名実共に現人神たる霊力を授ける秘儀だ。それは、大工の息子として生まれたイサヤを救世主キリストたらしめたハトホルの秘儀のことだ。

キリストが磔刑を逃れて日本にやってきたとき、すべての秘儀を記した巻物を持ってきて剣山に隠したのだ。その内容が伯家神道によって、歴代の天皇に受け継がれてきた。

キリストは、水をワインに変えたり、盲人の眼を見えるようにしたり、死人を生き返らせたりたくさんの奇跡を起こした存在だ。奇跡を起こす秘儀を記した巻物（トーラ）ももちろんあったのだ。

清七郎はそれらすべてを持ち出して岡山へ逃げた。**巻物は清七郎が預かっていた。**

皇太子が天皇に即位された後にお渡しするつもりだったのだろう。だが、新政府は高濱清七郎を天皇から引き離したから、ついぞ会うことはできなかった。
ところが、皇太子と清七郎の間では、そんなときのための対策をあらかじめ決めてあった。それが、剣山の頂上の洞穴に隠しておくという方法なのだ。

こうして代々受け継がれてきた並外れた霊力と秘儀をもって、天皇陛下は、現在に至るまで毎日現人神として国家の安泰、五穀豊穣、万民の平安を祈られている。**国家の危機となれば、大正天皇や昭和天皇のように、命を懸けて日本を守ってこられたの**だ。我々が安寧に暮らせるのは、天皇陛下のおかげと言っても決して過言ではない。それが、日本が神国と呼ばれる由縁なのだ。

昭和天皇は、戦争に突入することだけは避けるようにと東条英機に何度も念押しなさっていた。それにもかかわらず、太平洋戦争が勃発してしまった。
昭和天皇がやむなく戦争を許可されたのは、列強の植民地になっているアジア諸国の人々を解放したいと思われたからだ。それなのに東条英樹は植民地にされた諸国を今度は日本が統治することになったとき、「統治の仕方はできる限り現地の人が望むかたちで」という陛下の御気持ちをほとんど無視した。植民地化同様の統治が行われたことに、昭和天皇はずいぶんと心を痛められていたという。

戦後、昭和天皇はそれらの地を歴訪してまわられた。日本がイギリスの植民地にされることを命懸けで防いでくださった大正天皇の御意志を、昭和天皇はしっかりと受け継がれているのだ。

昭和天皇の御意志はまた上皇様が受け継いで、歴訪されている。

天皇御即位と祝之神事

2019年4月30日、30年在位された天皇陛下（明仁様）が生前退位され、翌5月1日、徳仁皇太子が新天皇に即位され、元号が「令和」に変わった。

はたして、天皇陛下を現人神たらしめる祝之神事の正当継承者となった僕は新天皇に神事を授けることができたのかどうか、心配されるところであろうから、経緯を報告しておこう。

冒頭の章で書いたように、白山神社の先代神主の姪御さんからの突然の依頼ではじまったわけだが、話を聞くうちに、あまりの事の重大さに気持ちがひるんだし、皇族でもない僕が正当継承者になったところで、どうやって皇太子殿下（今上陛下）におつなぎできるのか十分すぎるほど悩んだ。

巫女様は、「政治情勢などさまざまな理由で天皇に受けていただけない場合は、ひとまず時代が求める人物が中継ぎすればよい」とおっしゃった。

何よりも、継承の火を絶やさないことが大事なのだ。継承し続けることによって、しかるべき方へいつかかならず届くのだからということで、僕はお引き受けした。

だが、最後に祝之神事をお受けになった明治天皇がお隠れになって100年でその効力が切れてしまうという期限つきなのだから、一刻も早く皇太子殿下におつなぎせねばと、継承者としての責任が日に日に重くなっていた。

だが不思議なもので、この頃から今まで知り得なかったような日本の裏歴史のような情報が、次から次に僕に入るようになったのだ。

しかも僕が求めて探したわけではなく、僕がもっとも信頼している人たちから次々にもたらされる。

そうこうしているうちに、僕に神事を授けてくださった京都の巫女様が膵臓《すいぞう》がんを患って入院され、御見舞いにうかがうと「後のことは頼んだえ」とまるで遺言のようなことをおっしゃるではないか。

これまで僕は巫女様のもとへ足しげく通って、神事を取り仕切る見習い神官のひとりとして、来たるべき日に備えているつもりだった。

研さんを重ねていたのだが、こうなるとどうしても巫女様がご存命の間に皇太子殿下に受けていただきたいと思うようになった。やはり、それが目的で18歳からの六十数年間も密かに祝之神事を伝承してこられたお方なのだから。

そんなとき、皇太子殿下につながる有力な情報が入ってきた。

佐賀が京都から遠すぎるというので、滋賀の大津にお屋敷を構えた鍋島は、本願寺経由で京都の有力者を全部裏で動かしていた事実は前述したが、お公家さんの中でも有力な一条家、九条家、西園寺家などはもうみんな親戚だそうだ。

一条家、九条家がお妃候補をご提案するのだが、その実、それを背後で動かしている鍋島の関係者や鍋島の縁戚の人を持ってくるということが代々決まっているという。

昔から日本を背後で操作している人たちのことを八咫烏《やたがらす》とか賀茂一族《かもいちぞく》などと呼んでいるのだが、実態は鍋島であることがここでもわかる。

その中に有力な方がおられるので、その方にお願いすれば、もしかしたら天皇陛下もしくは皇太子殿下に祝之神事を伝承させていただけるかもしれないというものだった。

早速、連絡を取っていただき、まずは面会の機会をお願いしたところ、伯家神道のことも祝之神事についても、やはりご存知だったのだが、なぜか「御神事なんて嫌いや」「そういう話はしょっちゅう来んねん」と、けんもほろろに断られたのである。悲しいかな、結局2年間、断られ続けたのだ。

■奇跡が奇跡へとつながっていく

2年間も断られ続け、僕の中では少々あきらめの気持ちが生まれていた。

そんな折、巫女様が涙を流しながら「何とかもう1回頼んでもらえませんか?」と訴えてこられたので、僕も「もうこれで最後だ」と肚《はら》を決めて、再度お頼みしてみたら、どういうわけか、今回に限っては面会のお許しが出たのだった。

忘れもしない2014年8月16日、大文字送りの日。

面会時間は午後3時から30分間というきびしい縛りではあったが、2年間待ってやっとたどりつけたのだ。僕は大喜びで岡山から京都に向かった。

その日の予定は実にシンプルだった。

まず巫女様をご自宅の最寄り駅までお迎えにいき、そこから車で指定されたお寺に向かう手はずになっていた。

電車は順調に走り、巫女様と待ち合わせした駅まであと3駅だから普通なら5分もかからない。

ところが、つい数日前に、台風で桂川が氾濫したばかりなのに、この日もまた台風が近づいていてすごい大雨となっていた。

そのせいで、電車が2駅目を過ぎたところで立ち往生してしまった。かなり時間に余裕をもって出てきたにもかかわらず、こんなに停まってしまっては、約束の時間に間に合わなくなってしまうかもしれない。

しかも連絡を取ろうにも、停車したのがトンネルの中だから携帯電話もつながらない。何ということだろう、結局、御高齢の巫女様を雨の中2時間近くお待たせしてしまった。

だが災難はまだ続くのだ。なんと道路も大渋滞しているではないか。本当に間に合わなくなってしまう。僕は一か八か、比叡山の山道を超えることにした。

山道はまるで濁流の川と化していた。そんな中をダートラリーさながらの走りで比叡山越えした。

奇跡としか思えない、午後3時を5分だけ過ぎてしまったが無事に到着することができた。

そこは御所の近くのお寺で、後水尾天皇が好んで執務をされていた部屋に通され、はじめてその有力者の方と対面した。鍋島御別家とうかがった。

その方は明治天皇の血を受け継いでおられ、今上陛下にとっては大叔父にあたる。

面会時間は実質残り15分ほどしかないのだが、巫女様は嬉々として祝之神事について説明を続ける。そして15分ほど経った頃、お坊様が来られて「次の面会の方が来られました」と知らせた。僕は、ここまでか、と残念に思った。

すると御別家が「次の人には今日はもう会わんさかい、本堂に通しといて」と次の予定をお断りになるのだ。

そんな調子で30分毎にこれがくり返され、なんと3時間以上も我々の話を聞いてくださった。そしてこう言われたのだ。

「わかった……。どうもあんたらは本物や。それが知りたかったんや。やっぱり皇太子殿下にまがい物は持っていけへんし。ようわかりました。だから間違いなく、責任をもって何らかのかたちでお伝えするから、安心してください」と。

さらに帰り際、御別家は巫女様におっしゃった。

「これから、いつ何時どういうことになるかわからないですから、通信員としてひとり、毎月私のところによこしてもらえないでしょうか。せや、一番話がスムーズやから、この方に毎月来てもらうようにして」と僕を指名された。

知らぬ間に受け継いでいた祝之神事

それ以来、僕は毎月、この御別家を訪ねている。

だが、なかなか肝心の話が進まない。祝之神事について天皇陛下あるいは皇太子殿下にお伝えくださったとか、その機会を設けてくださるとか、何かありそうなのに何もないのだ。

いたずらに時間だけが過ぎていく。ただ相手はそういう方だし、僕は通信員に徹することにしたから、あの件がどうなっているかなどと、こちらからはとても聞けないではないか。

そうこうしているうちに、ついに巫女様の容態が悪化してしまった。僕は御別家に巫女様は余命いくばくもないことをお伝えした。

もう立つこともできない状態なので、巫女様が天皇陛下もしくは皇太子殿下に祝之神事を授けることは、もはや無理であること。

そして巫女様がご存命のうちに、まず御別家に伝授させていただき、次に御別家から天皇陛下、もしくは皇太子殿下に伝授していただければ、とお伝えした。それが巫女様の最後の願いだからだ。

御別家は、神事自体には御興味はないのだが、このときばかりは喜んで受けさせてもらうと快諾された。

とある日のこと、**御別家が病室に来てくださり、巫女様から御別家に祝之神事が伝授された**。

これは天皇陛下と皇太子殿下以外は見てはいけない儀式だから、僕は病室の外で待った。瀕死《ひんし》の巫女様が最後の力を振り絞って2時間ほどかけてお伝えになったのだ。帰路をお送りする車の中で御別家は、「とても覚えられないが、一応ノートに書くには書いたから、なんとかなるやろ」と頼もしいお言葉が返ってきたので、ひと安心した。ただ、「忘れたら、保江に聞いてくれ」と言われたとも。はて、僕はそんなものを習った覚えはないのだが。

そう言われてはじめて、僕はその1年前の夏のことを思い出した。

ある日突然、巫女様に呼ばれて京都のご自宅にうかがったときのこと。

「ちょっとな、あんただけ、今からやる神事、覚えといて」

と言われて、教えられたものがあったことは確かだ。

僕が「それは、特別なものなんですか?」と尋ねたら、「またそのうち話すわ」とおっしゃって、それっきりになっていたのだった。

あれが祝之神事だということなのか。なんと光栄なことだろう。

巫女様は、病床に伏したまま全身全霊で祝之神事を御別家にお伝えになってまもなく、すべて燃え尽きたかのように静かに息を引き取られた。

巫女様の想いと歴史を紡いで

こうしてギリギリで間に合った。

あとは御別家がいつ皇太子殿下にお伝えになるのかと、僕は連絡を心待ちにした。

ところが、またまた話が進展しないまま、数年の月日が流れた。

そんなある日、天皇陛下が御高齢と健康状態の悪化により公務に支障をきたしているため、退位を希望されているという異例の発表があり、日本中が驚いた。なぜなら天皇陛下の在位は基本的に終身制であり、また陛下御自身の意思だけで決められるものでもないからだ。

だが、思ったよりもスピーディーに皇室典範特例法が施行され、２０１９年４月30日をもって、生前退位されることが決まった。

いよいよ皇太子殿下に祝之神事をお伝えすることが急務となってきた。

ここまで話が進展しないこととも関係があるのだが、明治新政府によって意図的に天皇陛下は現人神から遠ざけられ、政治からも切り離されたのだ。その意図は現在もまったく変わっていない。

天皇陛下も皇太子殿下もそんな環境の中で、〝日本国及び日本国民統合の象徴〟としての枠から外れないよう、宮内庁から完全にブロックされていると言っても過言ではないだろう。

皇太子殿下に現人神たらしめる祝之神事を御受けいただくのは、至難の業であることは間違いない。

今なら、御別家が最初にお会いしたときに「責任をもって、何らかのかたちでお伝えするから、安心してくれ」とおっしゃった言葉にもきびしい状況が読み取れるのだ。

2019年4月に入って、御別家から30日に京都に来てくれと呼び出しがあった。その内容は、「祝之神事をちゃんとした場所でリハーサルをしたいので、正しくできるかチェックしてほしい」とのことだった。

僕は巫女を8人手配して、当日、京都の例のお寺にうかがった。

敷地内に伊勢神宮系の神社もあるのだが、そこにある誰も入れない神殿で行われた。

祝之神事は、天皇陛下と皇太子殿下以外は何人たりとも見てはならない秘儀なので、全員外を向いて祝詞だけを奏上する。僕は神官として補佐をしながら一連の流れを見させていただいたのだが、これが見事なのだ。

御別家は、病床に伏した巫女様からたった一度だけ口伝で教わっただけなのだ。たとえノートに書き記したとはいえ、あれだけのものを身振り手振りも含めてここまで完璧に覚えることなんて、常人には不可能だと思う。やはり、鍋島御別家はただものではなかった。

そして、御別家がおっしゃる「何らかのかたち」は、絶妙なタイミングでやってきた。

新天皇が、即位の礼、大嘗祭を終えたことを神武天皇と前四代の天皇陛下にご報告される「親謁《しんえつ》の儀」というものがある。

２０１９年11月28日、皇太子徳仁殿下は、名実共に正式に天皇陛下となられ、京都の伏見にある桃山御霊に参拝された。ここは明治天皇の御霊である。

なんと今上陛下は、このタイミングで御別家に突然連絡を送られたのである。

皇太子時代に御二人の間で「天皇になる前に受けないかん神事がある。幸い、僕がそれをできるようにしてもろうとるさかい、時間があるときにやろう」「わかりました。よろしくお願いします」という約束が交わされていたのだが、最終の返事がこの当日だったのだ。

ごくごく側近の方は、このブロック体制の中では、皇太子の立場ではもちろんのこと、天皇に即位されても、東京で神事を授かるのは絶対に無理とわかっていたという。おそらく陛下も同じように判断されていたのではないだろうか。

だから、おつきの人数も少なくなり、御別家がお住まいの京都に入れるこの日を、陛下はあえて選ばれたのだろう。

陛下からの「よろしくお願いします」という突然の連絡に御別家は驚かれはしたも

のの、そこは、いつ何時どうなるかもわからない、という事態を常に想定されていた御別家のこと。**何ら動じず、万事滞りなく神事を終えられた**のだ。

キリストからもたらされた日本の平和

６０００年前、エジプトのピラミッドの中で代々のファラオが受けていたというハトホルの秘儀が、キリストによって日本にもたらされ、祝之神事となって万世一系の皇統によって脈々と受け継がれてきた。

だが、最後に受けられた明治天皇は、ご自分の代でこの神事が途切れてしまったことで無念の想いを持たれていたのではないだろうか。

１００年という有効期限を迎える寸前に、この神事の正統な継承者もいないことで、祝之神事自体が消滅の危機に直面していたにもかかわらず、ぎりぎりのタイミングで、だが確実に次へ次へとバトンが渡されてきて、最終的にこの日に明治天皇の御陵で成就できたのだ。今思えば、僕には奇跡としか思えない。

この千載一遇のチャンスに、明治天皇の深い想いを感じざるを得ないのだ。

新天皇が即位されたのとほぼ同じタイミングで、ローマカトリック教会のフランシスコ教皇が初来日をされた。

ローマ教皇という立場は、日本の天皇と同様に終身制なのだが、2013年にベネディクト16世が高齢を理由に生前退位を表明されるという異例のニュースに世界中が騒然としたことをご記憶の方も多いことだろう。

教皇の生前退位は、なんと600年ぶりだそうだ。それを受けて次の第266代に選ばれたのが、フランシスコ教皇なのだ。

バチカン史上初の南米出身、そしてココが肝心なのだが、初のイエズス会出身となる。

フランシスコ教皇は、教皇用の公舎も、専用のメルセデスのリムジンも、絢爛豪華《けんらんごうか》な毛皮のついた深紅の法衣も全部拒否して、市内の簡素な宿泊施設にお住まいになり、真っ白の簡素な法衣を着て、他の枢機卿《すうききょう》たちと一緒にミニバスで移動されている。

もともと母国アルゼンチンにおいて大司教をされていたときですら公共交通機関を利用し、将来は引退した司祭のための施設に入居するつもりで、順番待ちの予約もされていたという。

もちろん自分が教皇に選ばれるなんて、まったく想像もしていなかったらしい。だからこの暮らし向きは、決してパフォーマンスなどではない。

さらに、この方が教皇になったとき、教会の状況は最悪だった。バチカン銀行内での汚職が蔓延《まんえん》し、司祭たちによる幼児虐待などが表面化して、教会の権威は完全に失墜していたと言っていいだろう。

フランシスコ教皇は、バチカン銀行の体制を全面的に見直し、行政全体のクリーンナップを目指して改革を断行中なのだ。

2000年もの長きにわたって、教会がその存在を貶めてきたマグダラのマリアの名誉回復をなさったのも、この方なのだ。とにかく、今までに類を見ない型破りな教皇。

長い歴史を振り返ると、そもそもローマカトリック教会の金と欲にまみれた体質が原因で、宗教戦争や宗派の分列が起こったではないか。金満体質にメスを入れようとしてイエズス会は教皇から抹殺の憂き目にあったことを思い出していただきたい。

バチカン市国
(Depositphotosより)

僕は、ここに初期イエズス会の強い意志が働いているように思えてならないのだ。

おもしろい事実をつけ加えておこう。

歴代のローマ教皇について書かれた予言書があるのをご存知だろうか？

聖マラキの予言、12世紀に北アイルランドのマラキという大司教が、１１４３年の１６５代から２６５代目までの１１１人の教皇について、名前や特徴、在任期間などを、ヒントとなるキーワードで記したもので、歴代教皇についてはすべて的中しているのだ。

２６５代とは、ベネディクト16世のことで１１１人目にあたる。予言にあるのは、ここまでで、２６６代１１２人目は、最後に数行の意味深な散文で記されている。この特別枠の教皇をもって、予言は終わっているのだ。

予言に記されていない１１２人目が、まさにフランシスコ教皇となる。

僕は予言を１００パーセント信じているわけではないし、この予言をどう解釈するのが正しいのかもよくわからないが、何だか大変革が起こりそうな、良き方向に舵が切られた気配を感じるのは、おそらく僕だけではないだろう。

その昔、腐敗した教会の運営にメスを入れようとして失敗したイエズス会の熱い想いが、500年経って、今度は教皇となって自ら大鉈をふるいにやってきたのかもしれない。

さもなければ、**見るに見かねたキリストが再臨したのかもしれない**。などと僕は勝手に楽しい妄想に駆られている。


今上陛下は、昭和天皇に優るとも劣らない並外れた霊力の持ち主でいらっしゃるのだが、それは昭和天皇が隔世遺伝で受け継いだ野間幾子の霊能力を、やはり隔世遺伝で受け継がれたからに違いない。

そこに**無事に祝之神事をお受けいただくことがかなったわけだから、現人神の復活は確実**なのだが、それによって何がもたらされるかはまだわからない。

ただ、僕も祝之神事の正統継承者としてのお役目を何とかはたせて本当にホッとしている。

今、世界情勢、地球環境、はたまた星まわりまでもが、明治維新前と酷似しているとよく言われているのをご存知だろうか。

そんな時代に国を牽引している内閣総理大臣の地元は、奇しくも長州藩山口県だ。

そして2020年、世界中でかくも恐ろしい新型コロナウイルスの感染拡大により、我々人類の命が脅かされている。

僕は、右寄りとか左寄りとかまったく関係なく、気楽に人生を謳歌している理論物理学者だが、伯家神道の継承者となったのがきっかけで、今まで表に出ることのなかった神実の歴史を知ることとなり、僕自身の歴史観が大きく変わってしまった。

天皇陛下御ひとりに負担をかけず、神国日本を守るために僕に何かできることはないのかとさえ思ってしまう。

この拙著がひとりでも多くの方の眼に触れ、神国日本に日本人として生まれたことに、誇りと霊性を再認識していただければ幸いである。

そして、この神国の力により、世界の混乱が一刻も早く終息してくれることを、ここに強く願う。

あとがき

最後までお読みいただき、ありがとうございました。

歴史書としてははじめて語られる内容に、少々驚かれたかもしれません。

真実を隠さなければいけない人たちがいる、これは致し方ないことなのでしょう。

実際、この本を書くにあたり情報提供していただいた方々のお名前は、ご本人のご希望により、一切公表はできません。

どなたも、日本にとって非常に重要なお立場であることから、ご本人がこの世を去られた後でしたら、もしかすると公にしてもいいかもしれない。そのくらいの機密情報でした。

この本の情報がどこから来たものなのか、読者のみなさんも気がかりだとは思いますが、情報提供者の方々に関するこれ以上のお話は、ご迷惑をおかけしてしまうこと必至なので、もうこのくらいでご勘弁いただければと思います。

ですが、この本は情報提供者の方々なしには成立せず、勇気をもってお話しくださったことへ、心からの感謝と敬意をお伝えさせていただきます。ありがとうございました。

２０２０年。本当だったら東京オリンピック・パラリンピックに、心と体を躍動させ、世界中の人々と親交を深めていたはずでした。

ですが実際は、未曾有のウイルスにより、人類はかけがえなのない存在を、数え切れないほど失ってしまいました。命の危機はもちろんのこと、あらゆるイベントの延期や中止が相次ぎ、一般の経済活動にも制限がかかることにより、「この大惨事を誰かのせいにしたい」、そんな感情に支配される人もいたことでしょう。

また、たくさんの魂がこの物質世界から旅立ち、残された人々の喪失感が我々の空間自体を変容させています。

くしくもこのような時期に本書を出版できたこと、著者として、そこに神の御意思を感じずにはいられません。

イエス・キリストは神とつながり、この物質世界の行く末を知っていたのだと思います。６０００年前に自身が受けた秘儀をこれほど遠い国に託すことになったのは、きっと偶然ではなかったのでしょう。

祝之神事によって天皇陛下が現人神となられ、日本だけでなく地球全体が高次元のエネルギーと調和しています。それは「愛」のエネルギーそのものです。

伯家神道の継承者となってから、祝之神事をおつなぎするために何ができるのか、そのことにずっと頭を悩ませていましたが、そんなことは必要なかった、と今ならわかります。

すべてを神にゆだねる、ただそれだけで良かったのです。我々はずっと神の愛に守られていたのですから。

霊的防衛はすでにはじまっています。あなた次第で、よりよい環境になるはずです。それを信じて「愛」のエネルギーを受け取りながら、歩んでいっていただければと思います。

最後になりましたが、本書を執筆するにあたり、史実の調査などに多大なご協力をいただいた亀川明子さん、また、大変読みやすく仕上げてくださった編集者の有園智美さんに、心より感謝申し上げます。ありがとうございました。

保江邦夫

保江邦夫（やすえくにお）

理学博士。岡山市生まれ。

UFOの操縦を夢見る宇宙少年は東北大学で天文学を、京都大学大学院、名古屋大学大学院で理論物理学を学ぶ。その後、ジュネーブ大学理論物理学科講師、東芝総合研究所研究員を経て、1982年よりノートルダム清心女子大学教授、2017年より同名誉教授。

さらに、キリスト伝来の活人術である冠光寺眞法を主宰、各地の道場にて指導にあたる。

著書は物理学関連書のほか、『人生に愛と奇跡をもたらす 神様の覗き穴』『願いをかなえる「縄文ゲート」の開き方』（ビオ・マガジン）、『僕が神様に愛されることを厭わなくなったワケ』（青林堂）、『祈りが護る國 アラヒトガミの霊力をふたたび』（明窓出版）、『ついに、愛の宇宙方程式が解けました』（徳間書店）、『伯家神道の祝之神事を授かった僕がなぜ』（ヒカルランド）など多数。

星辰館 保江邦夫 公式ウェブサイト　https://yasuekunio.com

語ることが許されない

封じられた日本史

2020年 7 月21日　第一版　第一刷
2024年 4 月11日　　　　　第六刷

著　　者　保江邦夫

発 行 人　西 宏祐
発 行 所　株式会社ビオ・マガジン
〒141-0031
東京都品川区西五反田8-11-21 五反田TRビル1F
TEL:03-5436-9204　FAX:03-5436-9209
https://www.biomagazine.jp/

編　　集　有園智美
編集協力　亀川明子
校　　正　株式会社ぷれす
デザイン　堀江侑司
D T P　大内かなえ
印刷・製本　株式会社シナノパブリッシングプレス

ISBN978-4-86588-083-0　C0021

anemone BOOKS

011

現役物理学者が解き明かす!

願いをかなえる「縄文ゲート」の開き方

保江 邦夫 著　1,500円＋税

縄文人は神様と共感し、すべてを思いどおりにかなえることができました。「縄文ゲート」を開けばあの世とこの世の境界線がなくなり、あなたも神様の世界へ自由にアクセスして、願いをかなえることができます。
巻末にて、特別とじ込み付録『あなたの願いをかなえる縄文の秘儀』も大公開!

保江邦夫さん
最新情報は
▼コチラ▼

http://biomagazine.co.jp/yasue/